鼓楼摩崖石刻

中共福州市鼓楼区委宣传部 编

陈常飞 主编

海峡出版发行集团｜福建科学技术出版社
THE STRAITS PUBLISHING & DISTRIBUTING GROUP｜FUJIAN SCIENCE & TECHNOLOGY PUBLISHING HOUSE

编委会

序言

　　福州市鼓楼区历史悠久，文化积淀深厚，名胜古迹遍布。这片热土之上，名人辈出，灿若繁星，在浩渺的历史长河里熠熠生辉。他们或生于兹、长于兹，或官居于此、游历于此，留下了无数诗文名篇与传世佳话。乌山、于山、冶山历史尤为厚重，古来名居遍布，许多重要事件在这里发生。但随着历史的演进，曾有过的读书处、藏书楼及宫观庙宇等多已湮没于尘埃中，所幸摩崖石刻为悠悠历史留住了一段影迹。

　　鼓楼摩崖石刻作为闽都文化的重要载体，与名山自然风貌融为一体、相得益彰，展现着中华民族一脉相承的精神风貌和审美志趣，是辉映于天地之间的文化瑰宝。历史上，无数先贤在石上留下题名，或抒发心志，或寄寓情思，这些石刻中也不乏诗文，话语蕴藉有余，读之使人不禁遐思，为闽都文化、福州地方史和民俗文化研究提供了十分宝贵的史迹资料。

　　习近平总书记强调："要系统梳理传统文化资源，让收藏在禁宫里的文物、陈列在广阔大地上的遗产、书写在古籍里的文字都活起来。"本书精选 50 段鼓楼摩崖石刻进行研究、写作，是为了更好地展示摩崖石刻背后的人文底蕴，使广大群众进一步感受历史名山蕴含的深厚文化内涵，倾听摩崖石刻沉淀下的故事。同时，希望通过此书提高读者的历史文化遗产保护意识，让我们共同努力，使闽都文化在新时代焕发新生。

黄建新

2024 年 11 月

前言

　　摩崖石刻有着重要的文物价值、文化价值、审美价值和时代价值。冯云鹏《金石索》解释说："就其山而凿之，曰摩崖。"马衡《凡将斋金石丛稿》亦云："摩崖者，刻于崖壁者也，故曰天然之石。"简言之，摩崖石刻就是在天然崖壁上面镌刻的文字、造像或图案。各地摩崖石刻简括人事活动，佐证名城发展脉络，这些石书成为不可多得的地方史料，可补纸质文献之阙。同时，摩崖石刻是书法载体与表现形式之一，它生动展现了作者的书艺。摩崖书风有浓郁的"金石味"，故史上有不少书家从中取法。摩崖题刻在字体上，篆、隶、楷、行、草等体皆备，这一点也充分彰显其艺术价值。鉴于摩崖石刻群中书体形式之丰富，故又喻其为"书法博物馆"。鼓楼区摩崖石刻主要分布于乌山、于山、冶山等地，具有历史长、数量多、书法美、内容丰富等特点，其时间跨度由唐至现当代，题材包括诗、词、铭、记、成语、题名、对联、地点标识等，内容涉及政治、文化、军事、宗教、经济、教育等各方面。

鼓楼环境清逸，历代文人墨客多登山赏玩，于是选石留字，以状景观之胜，也不乏寻胜纪游或寄托、遣兴之作。随历史演进，曾经的名居园林早已湮没尘埃，存留的摩崖石刻是过往最真切的见证，生动再现古人生活场景，成为人们借以怀想的一种媒介。从这个意义上说，摩崖石刻是生动的历史载体，其人文精神，亦由此可见。鼓楼名山石刻在福建具有代表性，这些重要的文化遗产为自然风光增添文化内涵，也成为名山文化精粹。

　　摩崖石刻的产生亦在历史发展背景下呈现时代特点。福州文化自唐始兴盛，时鼓楼乌石山亦出现李阳冰般若台篆书题刻。至北宋则文学粲然，上演"海滨四先生"倡道东南、名宦程师孟主政福州、陈旸劝刻《崇宁万寿藏》等事，在摩崖上也留下他们的活动史迹。至南宋时已为"东南全盛之邦"，鼓楼摩崖石刻中也出现名臣、学者梁克家和理学大师朱熹等题刻。文人登山留题是鼓楼名山魅力使然，亦源于宋代崇古之风。当时，好金石者围绕收藏、著述、鉴赏古物等展开相关活动，此风影响深远，逐渐成后世文人雅好。金石在士人心中有很高地位，东汉时期已出现修整天然石壁后刻字的事例。至宋代，人们已普遍了解摩崖石刻具有永恒性的特点。宋代学者赵明诚在《金石录》中指出："《诗》《书》以后，君臣行事之迹悉载于史，虽是非褒贬出于秉笔者私意，或失其实；然至于善恶大迹，有不可诬，而又传说既久，理当依据。若夫岁月、地理、官爵、世次，以金石刻考之，其牴牾十常三四。盖史牒出于后人之手，不能无失，而刻辞当时所立，可信不疑。"此直接强调石刻资料的史料价值及在考据中的作用。元代，福州文化继续向前发展，吴海等在乌山一带讲学，沙罗巴、燕赤不华等也留下一些交游印记。明代，鼓楼名山风景经过前贤不断经营、开发，景观愈加密集，文气愈为浓厚，寻访旧迹或登临清兴者不绝。时文人林瀚等多次登临，并留诗作。以及许豸等更在山中营造园居。清代，此"珍品"愈加受到文人青睐，他们希望镌刻之语可垂之永久。如李拔、魏杰等人频繁留题摩崖，且登山雅集之事亦俯拾即是，其诗文足以打动人心。民国以来，此风也并未消歇，于是选石留题之事得以延续。这些从侧面解释了鼓楼摩崖石刻发展情况。

目前福州鲜见系统关注摩崖石刻人文内涵的书籍，缺少在历史文化大背景下，以摩崖石刻为中心进行全方位审视或专门研究。但福建地区在"摸底""普查"等方面作了较细致工作，且成果丰硕，不乏摩崖石刻记录之作，如《福建通志·金石志》《闽中金石志》等皆是，此时搜罗与纪录，是为要务。如清人龚显曾在陈棨仁《闽中金石略》序中说："吾闽名山大镇、祠庙伽蓝之迹，多有唐、宋石刻。乌石、武夷、清源、九日、太姥诸山，雄视东南。历代名人筮仕、流寓，先后寄迹于其间，碑记题咏大书深刻，多为前人所未收，志书所未载……"全国当代关于摩崖石刻的著述，至今百种以上，一些研究论文与文章也有相当数量，内容包括文字研究、摩崖书风、摩崖环境、摩崖人物考释、历史人文的关系等，缺少深入挖掘和阐发其历史与文化价值的研究。福建地区所编书籍，各地政协等单位组织编纂或个人编著如《福建摩崖石刻精品》《福州摩崖石刻》《十邑摩崖石刻》《莆仙摩崖题刻》《厦门摩崖石刻》《泉州摩崖诗刻》《漳浦摩崖石刻》《三明摩崖石刻》《仙游印象——摩崖石刻与古建筑卷》《武夷山摩崖石刻汇编》《福建华安仙字摩崖石刻研究》《九日山摩崖石刻诠释》《冶山摩崖石刻新编》《连江摩崖石刻》等，这些书籍为当地摩崖石刻作释文、拍摄，并对所处位置、题刻年代、尺寸大小等作记录，有些书籍对摩崖作者也作简要介绍。这种工作是极其繁琐、细密，且是艰难的，这些文献资料对摩崖石刻文化内涵的研究有重要参考价值。

本书以鼓楼摩崖题刻为中心展开写作，讲述其背后故事，其余不再展开。叶昌炽《语石》中说："今人见题名，或称之为摩崖，不知摩崖不皆题名也。"诚然，广义的摩崖石刻包括造像和岩画，但本书仅对摩崖题刻进行研究、介绍。全书内容分为四章，第一章"书林闲记事"，主要是漫谈摩崖石刻与石书作者有关事略，或阐述其文化价值，或进行审美观照，或对石文内容作简要评析；第二章"先贤寻踪迹"，主要以人物为中心解读历史名人的思想及行迹；第三章"石文留史影"，主要是偏向石文历史的钩稽与文化阐释等；第四章"诗存千古意"，所选皆为诗刻，文章或评析诗作，或介绍其作背后的历史。书中不乏作者抒发自身对摩崖石刻的见解与感受之文。他们细心收集材料，并至实地调研，而后撰作成文，所查阅相关摩崖石刻图书、期刊、报纸等资料，凡所引用皆注明出处，书后不再列参考书目。历史研究和文学创作属不同领域，我们鼓励作家书写感想，坚持原创精神，相信他们的笔调能够引起读者共鸣。

摩崖石刻早已成为鼓楼名山中一道独特的人文风景，我们希望读者在了解摩崖石刻内容的同时，对鼓楼区历史文化有更深认识，从中领略其深厚的文化内涵，并期文史工作者和作家不断挖掘摩崖石刻价值，写就之文章可以行远传久。

陈常飞

2024 年 11 月

目录

于山白塔

第一章　剪灯絮语——书林闲纪事

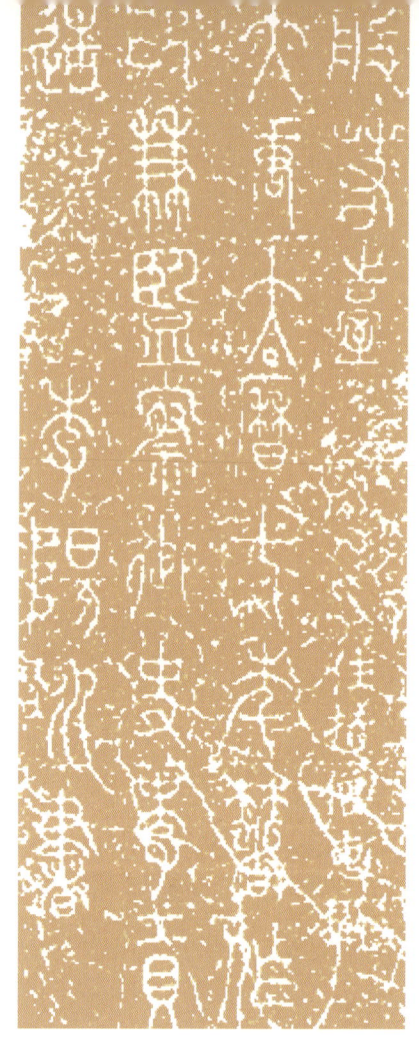

　　古人沉耽山水，在苍崖翠壑间留下踪迹，此为其心中"乐山乐水"的情性表达，亦是崇尚中华文化"天人合一"的身心实践。所留题刻存续过往梗概，也赋予名山独特人文魅力。今人徜徉"书林"，品读往昔岁月，是体味古人行事，也是对历史的一份礼敬。

李阳冰般若台篆书读后

陈常飞

乌山李阳冰摩崖石刻原在华严岩旁，20 世纪 70 年代被毁，1982 年福州市文物管理委员会按馆存拓片重镌于石林景区清泠台右上侧，南向。今摩崖石刻文为：

般若台。大唐大历七年，著作郎兼监察御史李贡造。李阳冰书。

住持僧惠摄。

《乌石山志》载："住持僧惠摄楷书五字，乃重修李篆时所勒。"这一处"唐刻"，"应该是福州诸摩崖石刻中遗存最早的名人笔迹"（黄荣春《福州摩崖石刻·增订本》）。古代来到乌山的人，多至此地观赏，这在很多未点校出版的古籍中，留下了"证据"。

"书法""唐代"，这四个字联系起来很容易让人想到几位书法名家，如颜真卿、欧阳询、虞世南、褚遂良、孙过庭、张旭、怀素……相对于楷书和草书两种字体而言，篆书在当时却是相对静默的。这种书体在秦汉以后已经走向没落，人们对篆书日渐生疏。至初唐时，篆书早已远离日常实用，在当年"书法圈"中也不是主流。宋朱长文《续书断》中说："历两汉、魏晋至隋唐，逾千载，学书者唯真草是攻，穷英撷华，浮功相尚，而曾不省其本根，由是篆学中废。"虽然篆书仍存续在一些载体中，比方说碑额，且贞观以后"明书科"学生留意《说文解字》《字林》等著作，当时也不乏精研文字者，但其所留意并不在篆书笔法，而字学一门情况亦不乐观。这样的现象至李阳冰时为之一变，"致使秦代篆体至中唐而复兴"，这是

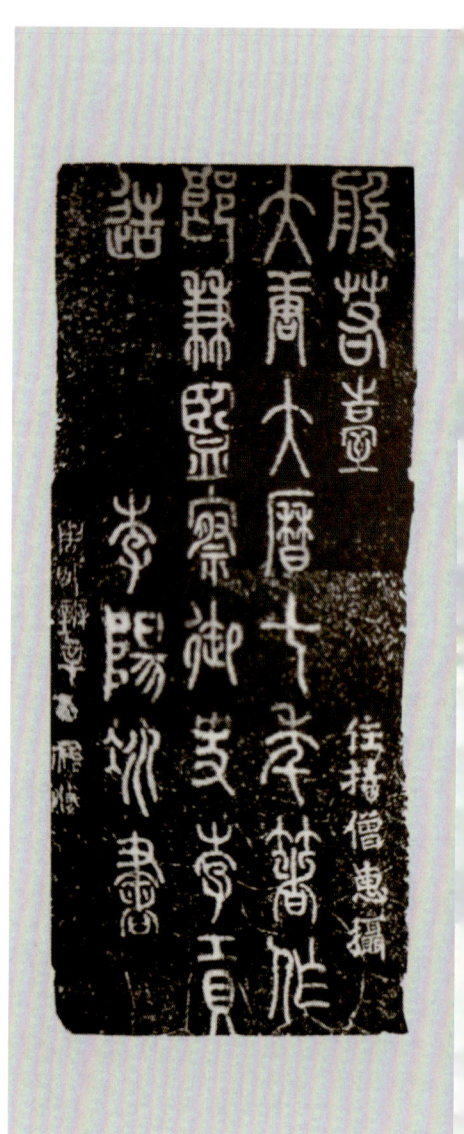

《般若台》（陈子奋作）　　　　　　　　　李阳冰摩崖石刻旧拓片

李阳冰摩崖石刻

李阳冰摩崖石刻旧照（连天雄提供）

李阳冰对唐代书法发展的贡献。

先说李阳冰其人。

李阳冰，字少温，祖籍赵郡（今河北赵县），其后徙居云阳（今陕西泾阳）。约生于开元九年（721），卒于贞元初年（785）左右（详见朱关田著《中国书法史·隋唐五代卷·李阳冰与篆书名家》）。或许很多人并不关注他的为官经历，以及他所作的文章，因为他的其他才能都被书法名声掩盖。李氏精篆书，这是大家所公认的，无论是以前还是现在，评价始终一致。时人舒元舆在《玉箸篆志》中称："秦丞相（李）斯变仓颉籀文为玉箸篆，体尚太古，谓古若无人，当时议书者皆输伏之，故拔乎能成一家法式，历两汉、三国至隋代，更八姓，无有出其右者……"其当时影响可见一斑，而在后世，他的篆法依然被许多书家奉为圭臬。

李阳冰当年精研字学，"诚愿刻石作篆，备书六经，立于明堂，为不刊之典，号曰《大唐石经》，使万代之后，无所损益，仰圣朝之鸿烈，法高代之盛事。"（祝嘉《书学史》）此精勤态度，也是后来者效法的榜样。

关于李阳冰对篆书的见解，《墨薮》载李阳冰《论篆》云："常痛孔壁遗文，汲冢旧简，年代浸远，谬误滋多，蔡中郎以豊同豐，李丞相持束为朿，亦鱼鲁一惑，泾渭同流，学者相承，靡所迁复，每一念至，未尝不废食雪泣，揽笔长叹焉。天将未丧斯文也，故小子得篆籀之宗旨。"他将"得篆籀之宗旨"理解作"未丧斯文"，即是以"篆籀"作为"文化传统"的象征。

乌山上这段摩崖石刻，后人皆对之评价甚高。有一种说法是"般若台铭"与处州"新驿记"、缙云"城隍庙记"、丽水"忘归台铭"并称天下四绝；清周亮工誉其为"人间至宝"；康有为也推崇道："篆书大者唯少温'般若台'，体近咫尺，骨气遒正，精采冲融，允为楷则。"

对之赋诗发表感受、赞叹者更代不乏人。曹学佺《华严院观李阳冰篆刻》诗云："当涂称四绝，岩顶迹萧疏。虽勒唐人笔，实为秦代书。完全无斧凿，密尔有禅居。珍重山灵意，宁愁藓剥余。"

闽人黄任钟爱碑版金石、摩崖文字，留下诗歌多篇。其《般若台篆歌》文笔跌宕：

海山夜黑风雨吼，鲸吞鳌掷蛟螭走。　快剑斫断生盘拿，挂上神峰大如斗。

陈仓石鼓多差讹，岣嵝磨岩难晰剖。　史颉消沉史籀死，六国破体纷乌狗。

上蔡丞相变简易，峄山之罘小蝌蚪。　永元诸儒竞祖述，说文独推许祭酒。

后来歌绝六百年，纷纷作者谁其偶。　有唐大历李少监，千秋擅名挂人口。

斯翁之后直小生，此言不怍亦不苟。　君家侍郎三坟记，片石人间重鼎卣。

外此落落难购求，传者十遗其八九。　我邦薛老峰头石，虬龙二十四缠纠。

围以径尺深径寸，量度不实见者狃。　骨屈肉强无折波，长戈短刃屹相受。

玉箸双垂折钗脚，金鼎半沉露铁纽。　何年飘忽镜高青，牛鬼蛇神脱跟肘。

天教斑驳南山阿，不作盘敦狎座右。　我来抉眼苦画肚，翻恨摩挲不及手。

敲火砺角敢向迩，山鬼呵之野狐守。　华岩勒以增宝光，香台消歇亦无有。

山川终护虫鱼文，雨淋日炙不得朽。　文字千秋面壁青，此是西来无量寿。

刘萃奎《琼台吟史诗初编·般若台篆歌》书影（连天雄提供）

在诗中，黄任首先描摹这段摩崖石刻的整体气势，用华丽辞藻极力铺陈。接着，以简练的语言描写了"石鼓文"、"岣嵝碑"、"峄山碑"、"之罘山秦篆遗文"、六国文字及史籀、李斯、许慎这些在书法发展进程上的重要人物。然后，他高度肯定李阳冰篆书成就，认为其代表作《三坟记》重于鼎彝，更叹息李氏书帖难以求购。进而描摹其石刻文字，将李阳冰的"玉箸篆"比作缠绕纠结之虬龙。又论其笔画如"折钗股"一般，给人以坚韧有力的感觉。更用虞世南"被中画腹"典故来表达自己对李氏篆书心摹手追、犹恐不及的心情。

观李阳冰书作，可见其书风采，也印证了一句话："唐三百年以篆称者，唯公独步。"

研究中国书法史，李阳冰是绕不开的人物。学习书法者，其书作也很值得临习。对于李阳冰其人大家可能并不陌生，但关于"般若台铭"这段摩崖石刻的来历，文字所存不多。郭柏苍《乌石山志》云："昔有沙门持《般若经》于此不释手，因名。唐大历七年，李贡造台，李阳冰篆记……镌岩上。"这道出了命名"般若台"的原因。但李阳冰可能并没有来过福州，梁章钜《退庵金石书画跋》载："李阳冰足迹未至福州，此殆从他处所书寄来。"

乌山有"福"

陈常飞

朱熹所写的"福"字榜书，刻在乌石山西北坡高崖上，北向。《闽中金石志》载："在乌石山观音岩，字大盈丈，朱子书，今名福字坪。"原刻已毁，今所见系乌石山园林管理部门于2009年夏镌刻。按郭柏苍《竹间十日话》载乌石山"福"字为张元简书。且留待日后考证。以下说"福"字内涵及朱子"书道"。

朱熹在福州的摩崖石刻不少，那些题字或被后世儒者作为座右铭，或成为今人联想朱子行迹的"媒介"。而这个"福"字确是乌山摩崖石刻中"代表作"之一，它是福州地区最大的单字摩崖石刻之一，如此大字正如他庞大的哲学思想体系，也正如他大中大正的德性。

冯登府《闽中金石志》书影

在《尚书》、《诗经》、"三礼"、《孟子》等古籍中已有"福"之记述，如关于福祉、祈福等方面内容。朱熹深研儒家经典，想必挥毫时对"福"之学说有过思考。且引《尚书》"五福"之论：

《尚书·洪范》中所言"五福"被视为福文化理论源头。文云："五福：一曰寿，二曰富，三曰康宁，四曰攸好德，五曰考终命。"孔颖达《尚书正义》疏解云："一曰寿，年得长也。二曰富，家丰财货也。三曰康宁，无疾病也。四曰攸好德，性所好者美德也。五曰考终命，成终长短之命，不横夭也。"

朱熹弟子蔡沈《书经集传》将朱熹著述中相关观点作了集中表述，其对"五福"解读为："人有寿而后能享诸福，故寿先之。富者，有廪禄也。康宁者，无患难也。攸好德者，乐其道也。考终命者，顺受其正也。以福之急缓为先后。"（详

乌山福字坪（吴丽娜　摄）

见卢美松主编《福文化概论》）

朱熹博大精深的理学思想，至今仍是难以逾越之高峰。展读朱子书法，笔画直指心源。在"不贵文而贵质"书风中，流露出中正德性，观其墨迹，多是妙理精义。明代陶宗仪《书史会要》评价朱熹书法时说："朱子继承道统优入圣域，而于翰墨亦工。善行草，尤善大字。下笔即沉着典雅，虽片缣寸楮，人争宝之。"

善写大字确是朱熹书法的显著特点。除了乌山上的"福"字，还有河北民间的《太极图说》大字书法群、武夷山朱熹纪念馆《千字文》双钩大字书法、长沙岳麓书院"忠孝廉节"、武夷山响声岩"逝者如斯"、长乐三宝崖的"读书"、庐山白鹿洞书院"光风霁月"等书作可以说明。（详见武夷山市地方志编纂委员会编《朱熹墨宝》）

朱熹画像

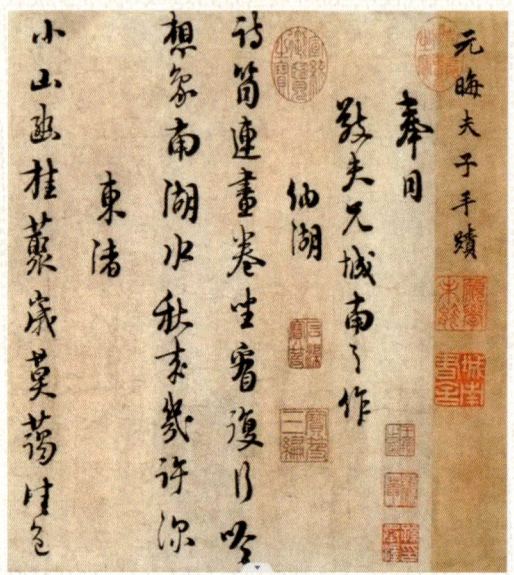

朱熹"城南唱和诗卷"（局部）

朱熹《千字文》书法（局部）

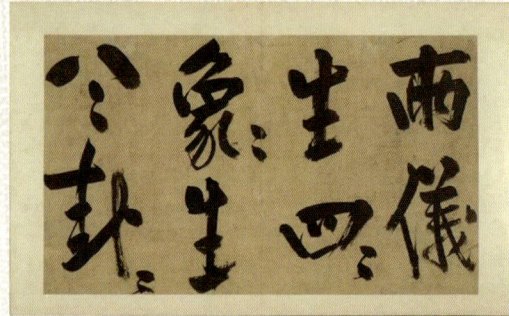

朱熹《易系辞册》（局部）

　　朱熹小字行书亦得到许多人赞赏，他的书作代表《奉同张敬夫城南二十咏诗卷》是南宋书法史上的经典作品，清孙承泽《庚子销夏记》（卷一）"朱元晦城南二十咏墨迹"条载："朱夫子《和敬夫先生城南二十咏》，字法俊逸，大有晋人风致；而诗之清远，亦非宋人所能及。"

　　论朱熹书法、书学观及创作论必须提及其学书经历，试说如下：

　　朱熹很小的时候就开始学习书法，受家学陶染。其父朱松曾学王安石书法，朱熹回忆说："先君子自少好学荆公书，家藏遗墨数纸，其伪作者率能辨之。""先君子少喜学荆公书，每访其迹"云云。《晦庵集·家藏石刻序》一则文字，记录了他的学书故事："予少好古金石文字……得故先君子时所藏与熹后所增益者，凡数十种。虽不多，要皆奇古可玩，悉加标饰，因其刻石大小施横轴，悬之壁间，坐对、循行、卧起恒不去目前，不待披筐箧、卷舒把玩而后为适也。"最初的这种学书经历，也奠定了他书法的风格基调——他的字带有"金石"气韵，还有一点"古拙"之风。

　　在《朱子语类》（卷一百二十一）中记载着一句话，且视为他对书写状态的表达："须是纵横舒卷，皆由自家使得方好。"

　　这让我联想到孔子"从心所欲不逾矩"的教言。这种状态是一种修行境界，"皆由自家使得"，表现了书者内心的自信，它不是凭空而来，而是千锤百炼后的从容。朱熹的书法观可以归结为一个字——敬。"敬"字贯穿他整个书法创作过程，此源于其人气质。他强调作书心态要点在于"书字时甚敬"（参见方爱龙著《南宋书法史·理学大师朱熹的书法》）。他这样说："明道先生曰：'某书字时甚敬。非是要字好，只此是学。'据管濡毫，伸纸行墨，一在其中，点点画画。放意则荒，取妍则惑。必有事焉，神明厥德。"（朱熹《晦庵集·书字铭》）虽然他也留意书法笔法技巧，但这件事对他而言并非重点。如他对著名书作《兰亭序》的观照，并非关注书写技巧本身，《晦庵集·题兰亭叙》云："淳熙壬寅上巳，饮禊会稽郡治之西园，归玩顺伯所藏《兰亭叙》两轴，知所谓'世殊事异，亦将有感于斯文'者犹信。及览诸人跋语，又知不独会礼为聚讼也。附书其左，以发后来者之一笑……"又如《晦庵集·跋山谷宜州帖》云："山谷《宜州书》最为老笔，自不当以工拙论，但追想一时忠贤流落为可叹耳。"朱熹欣赏蔡襄书法，并给予高度肯定："蔡公节概、论议、政事、文学皆有以过人者，不独其书之可传也。南来多见真迹，每深敬叹。"（朱熹《晦庵集·跋蔡端明帖》）可能对朱熹来说，书之功夫，更在书外。

即便是这样，朱熹在中国书坛仍占据重要地位，仍是中国书法史上第一流的名家，且笔者认为他的书法是"书以载道"之最高典范。因为评论书法不仅仅体现在艺术方面，书艺境界的高低还包含书家自身品格与学问的高低。正如明人胡俨所说："余尝游匡庐，至白鹿书院，周览古迹，见（朱）文公先生所书"贯道"之桥、"风泉云壑"之亭及"白鹿洞"等题扁（匾），镌诸石上，字径尺余，笔力苍古，气象方严，自然令人悚敬。及归，阅家中旧藏文公与芗林向氏书尺，清劲温润，如瑶台春晓，珠光玉华，又自不同。乃知先贤道德充积，精英之发，无施而不当也……"（胡俨《朱熹奉使帖跋》）

当年，朱熹在乌山讲学，闽中学人多慕名而来，后来有人将那个讲学处命名为"先贤石室"（详见郭柏苍《乌石山志》）。谢震作《题石室清隐》诗，有句云："当日若无伪学禁，一丘那得有遗文"。朱熹留字乌山，是这座名山之福，因为朱子过化处，文风兴盛；乌山留下了朱熹的一段故事，使它的历史更为耐读。

乌山有"福"，前贤将书作铭刻于此，使后人可以在这"书法博物馆"中一饱眼福；乌山有"福"，历代名贤多流连此地，饮酒赋诗。或安砚山中，在此著书立说。此二者皆为清福。乌山有"福"，朱子学在福州传播也是福，且这段"书香"是最珍贵之"福"。

清泠台漫笔

陈常飞

似乎"清泠"也是乌山印象，因为乌山给人的感受，至今如此。

"清泠台"摩崖石刻在石林景区霹雳岩下。这不激不厉的三个字已存在很久。当凝视它时，使人顿生寒意，或许正如揭汯《东壁亭记》所说的那样："曰'清泠'者，即其气之肃也。"所谓"肃"即"肃杀之气"，给人的空间感是清凉、凛冽。

清泠台是乌石山三十六奇之一，它的故事始于元末，系燕赤不华所建。

燕赤不华，号雪庭，字子实，散术台氏。《元史》记载："至正二十二年（1362）五月乙巳朔，泉州赛甫丁据福州路，福建行省平章政事燕只不花击败之，余众航海还据泉州。"这里所言"燕只不花"，即"燕赤不华"，他被任命为福建行省平章一职是在至正二十二年（1362）四月。有关资料记载，时赛甫丁关闭福州城门，拒绝燕赤不华进入。后燕赤不华集结陈友定（一名"有定"）等福建各路军队包围福州。三个月后赛甫丁最终战败。但其实燕赤不华没有多少实权，因当时陈友定任福建行省参知政事，"尽收郡县仓库所积，悉人其家，威震闽中。平章燕只不花拥虚位而已。"（陈遵统《福建编年史·第二篇宋元》）关于他的军事政绩和历官经历少有人去留意，但他当年所建造的清泠台则在福州开启一段段故事，使其成为乌山上的著名景胜。

清泠台

　　古时在清泠台上看风景，应该有很好的体验，可以获得较为广阔的视野。至明初，清泠台已名满榕城，成为欣赏福州城景色的绝佳地点之一。故后来许豸营建石林别业时，这处景观就被规划在其名园内，想来也是情理之中。许友《石林自记》中云："阁耳为清泠台，苍壁峭立，横石为梁。榕髯垂拂，零乱须眉，使人晓冷……"许氏族人皆以享受清泠台之境而感到欢欣快慰，还将情感发之于诗、行诸于文。如许鼎曾作《清泠台》诗云："石台望无际，台背列翠屏。到此万籁寂，心地为清泠。"诗句点出清泠台后山岩青翠，台前可一览古城美景。诗的后两句则说明清泠台使人内心澄静，于是临其地者会有"万籁俱寂"之感。许均亦有《清泠台》诗："俯瞰积空翠，悠然生远心。石屏浮竹叶，听我无弦琴。"其当时心境、感受与往来文人雅士略同。事物总经历变化，一切盛衰似乎都符合"常理"，清泠台与"许氏园林"也未能避免这般"运命"——由兴盛渐至颓败，终而不复存在。郭柏苍在《乌石山志》中记载清泠台信息，当他写到"久废"两字时，可能也会发出这样的感慨。

　　相对于纸质书法作品而言，摩崖石刻上的文字较少笔法、章法可言，多半只是随石形以附字罢了。但"石书"之内涵却丝毫不比前者逊色，有它的独特意趣。虽然清泠台早毁，但诗歌中所留下来的诗句构成了这里的历史片段，这一"诗意图册"也赋予了这方摩崖石刻文化内涵。

　　在乌山，曾经有一方摩崖石刻也记录了燕赤不华行迹：

　　　　至正甲辰春二月乙未朔，银青荣禄大夫、平章政事雪庭公游道山，
　　　仲子岳山、季子完泽铁牧尔侍行。公名燕赤不华，字子实，散术台氏，
　　　居滦阳，天台郑守仁谨题，时住山释宗广刻石。

"石天"乾坤

江 榕

石头，在中国文人心中有着特殊的地位，提及石头的名著俯拾皆是，如《红楼梦》又名《石头记》，《西游记》的灵石蹦出了孙悟空，还有女娲补天的传说故事等。而乌山，更是奇石遍布。

乌山风景奇丽，在云遮雾绕间恍若蓬莱仙境，故又被称为"道山"。南宋文学家李弥逊在游览这座"仙山"时，对山中奇石赞叹不已，赋诗感叹"女娲补天余，坠此百炼石"。石天景区位于乌山西南部，占地约2万平方米。凭栏而上，石呈百态耐人寻味，其间应接不暇的摩崖石刻，尽可饱览书家风采。明代徐𤊻所作《登乌石山》诗句称"径小疑藏洞，山穷忽遇桥"，正合这里曲径通幽之景。石天景区因"石天"得名，以石为天，不仅形容此处奇石林立，石多体大，构成一片壮观的石头天地，也体现出人们对石头的敬畏之情。

追根溯源这份"石头情结"，可从旧石器时代讲起，人类祖先在自然界活取活用，将石头简单磨制成生产工具。随着生产实践活动不断推进，先民又从石头中发现了玉、铜、铁等矿石，并将其雕刻或熔炼成器物、饰品。可以说，石头见证了中华民族的文明发展。中华民族敬石如天，对石头审美价值的推崇，也从观赏价值上升到人文价值。

石头因其自身的天然特质，被人们赋予了很多美好的内涵。如"心如磐石"，形容人的意志坚定、信念执着。除了以石比德，许多高人韵士亦以石寄情，苏东坡

林有麟《素园石谱》书影

在他的赏石诗中写道"每当对石饮，万事付等闲"，明代林有麟在《素园石谱》中说"石尤近于禅"。

对于"石天"的解释，另有一说：石天亦称风动石，是指位于山顶之上单独或垒叠在一起，抑或底部被垫石支撑起来的巨石，看上去危乎高哉，摇摇欲坠，似乎风至即动。这道出"石天"崖石处在乌山顶峰的地理位置和巧夺天工的自然形态。古人喜欢把重要的事情刻录在石头之上，遇到"石天"这样的奇石，更是乐于挥毫执凿，今可见这方石文：

石天。嘉靖丁亥春，高禧、潘积中、谢宜相题。

"石天"题刻

　　"片石如倚盖，罡风吹其间，我来发清啸，泠泠非人寰。"透过明朝陈勋所作《石天》之诗，可以想见，当年，明朝大臣及名士高禧、潘积中、谢宜相于嘉靖丁亥年（1527）游历乌山时，三人居于"石天"之室，仰望天工造物，遥想前人对此胜迹留下的佳篇名句，于是共同商议题刻了这段"墨宝"，留作纪念抑或凭吊。

　　文人之乐，在于山水之间。乌山是许多文人墨客的雅集之所，高山无言，书者为之题咏。笔者摩挲着这方嵌入石体的文字，在悠悠天地间感受着过往的风雨岁月。诗书画作为中华传统文化的组成部分，本为一体，这方摩崖石刻的题字精简凝练，给观者留下了许多想象空间。"诗不尽言，文不尽意"，此石亦有不尽之韵。

　　摩崖石刻是书法艺术与大自然完美融合的杰作，山间的朝暮变化和四时迁移，为其增添了不同景致。此刻，俯视清风拂过满地枯叶，仰看枝头嫩绿的芽儿早已探出了头，乌山的摩崖石刻又一次迎来了春天。

于山 "状元峰"

江 榕

"山不在高，有仙则名。"于山就是这样一座海拔仅有 58.6 米的名山，乃福州"三山"之一。相传汉武帝时，江西临川何氏兄弟九人居此炼丹，后升仙，故名"九仙山"。史载，汉高祖五年（前 202），无诸复封闽越王，曾于九月九日宴集群僚于山巅，故又名"九日山"。原是海岛的于山，民间曾称之为蓬莱仙岛。于山脚下的白塔，像一位穿越千年而来的儒雅之士，在坊巷街道间成为地标性的建筑，引领笔者向山林里走去。

从古至今，众多文人墨客的神来之笔被嵌刻在山石之间，或遒丽沉着，或真草并列，饱经岁月风尘，屹立草莽间，静候来者的鉴赏。

状元亭位于于山的最高峰和中心位置，宋代陈诚之曾在这里苦读，后考中状元。"十年寒窗无人问，一举成名天下知。"金榜题名是读书人最大的愿望，后人为此刻字建亭，以供学子瞻仰学习。

未登亭之前，可见亭下石壁镌有"状元峰"三字，神采焕然，旁有落款"天游山人书"。天游山人即杨应韶的号。杨应韶，字邦彦，建安人，嘉靖十二年（1533）举人，著有《五经辨疑》《四书要义》《闽学渊源录》等书。

清《福州府志》记载："状元峰……陈诚之读书处。"鳌顶峰当为状元峰别称，明《八闽通志》云："鳌顶峰，在旧嘉福院内，宋状元陈诚之读书于此。"陈诚之，字自明，长乐人，绍兴十二年（1142）状元，官至知枢密院事，以端明殿学

于山一景

"状元峰" 题刻

状元亭

士、左中大夫、提举太平兴国宫致仕，赠左正奉大夫，卒谥文恭。（黄荣春《福州摩崖石刻·增订本》）

有些风景只有站在高处才能看到，此是登高望远之意。就如人生，眼界格局立高放远，不断努力向上攀爬，才能收获不一样的风景。

踏青石登"云梯"，立于状元亭前才见书有"状元峰"的崖石高处还有"小华峰"等名人题刻。古人有诗赞曰："古洞郁孤松，来寻小华峰。青天澄夜碧，何处一声钟。"这钟声想必是出自亭下的大士殿。此刻，一阵风来，枯黄的叶从树间飘洒，落在殿宇的飞檐乌瓦上。古人在这落英缤纷的情境中读书，可汲取自然之灵气，荡涤心中的杂念，赋诗抒怀。

山灵有应，斯文不坠。于山摩崖石刻，见证了过往兴衰，书写着志者不变的风骨气韵，刻画出民族不灭的生命线。

于山蓬莱峰榜书

潘　登

沿于山登山道往上走，登吸翠亭赫然可见蓬莱峰与戚公祠。蓬莱峰犹如屏障般位于戚公祠东南面，说是山峰实为一块巨大的岩石。岩石上刻着"蓬莱峰"三大字。

《竹间十日话》对此刻记载："蓬莱峰，正书，五尺"。相传"蓬莱峰"三字系戚继光所书。

戚继光（1528—1588），字元敬，号南塘，晚号孟诸，卒谥武毅，山东蓬莱人，明朝抗倭名将，杰出军事家、书法家、诗人、民族英雄。戚继光虽出身武举，却是儒将，他工诗文、擅书法，其字受黄山谷书风影响较深，豪劲端庄，奔放俊爽，果毅潇洒，挥笔自如，不逊于晋、宋名家之气度。倭寇之患从明初以来就一直存在。当时，盘踞在福建的倭寇有数万人，分布在沿海各地，倭寇横行，民不聊生。戚继光原是号称"抗倭第一人"、曾是取得"东南第一捷"的福州洪塘人张经的部下。张经被严嵩党羽构陷冤杀后，戚继光承其衣钵，担起抗倭重任。

据《于山志》记载，明嘉靖四十一年（1562），三十四岁的戚继光率兵六千余人支援福建抗倭。作为优秀的军事指挥家，戚继光在剿倭战争中，身先士卒，与士兵同甘共苦；严格要求士兵，不准扰害百姓，做到军民一心。在进攻战术上，擅取攻其无备，以少胜多，集中优势兵力，各个击破；在防御战斗中，摒弃机械死守，力主严密守御，出其不意伺机反攻，他创造了独树一帜的"鸳鸯阵"，发挥集体互

蓬莱峰

助、长短兵器结合的机动灵活、严密配合作战，有效地打击敌人。在他的指挥下，戚家军在宁德横屿、福清牛田、莆田林墩等地三战皆捷，尽歼倭寇主力，平定了滋扰多年的倭患。倭寇惧怕戚继光，哀叹"戚虎来矣！今而后始知犯华之不利也。"

戚继光班师回浙江时，途经福州，全城百姓夹道欢迎，城内达官士绅在于山平远台摆设庆功宴，戚继光和部下开怀畅饮。因平远台容纳不下那么多人，将士们分散到山上各处饮宴，戚继光提着酒壶亲自到于山各处为将士们敬酒祝捷。他酒过三巡，提壶登临蓬莱峰，遥望远方，仿佛看见自己老家山东蓬莱，遥想年少时挥笔写下的"封侯非我意，但愿波海平"远大志向，如今"一年三百六十日，多是横戈马上行"的军旅生活，感慨良多……

相传，戚继光在蓬莱峰北面不远处一方岩石酣畅入睡。后人为纪念戚继光，将这块石头命名为"醉石"。后又在旁边修建"戚公祠"。民国时期，戚公祠再次被修复，后人缅怀戚公，知其念乡"蓬莱"，遂用修祠所剩余款在旁新建"蓬莱阁"。戚继光以锋利的剑锋和坚实的盾牌，扫荡顽敌，守护百姓和大明王朝海上门户。在《闽游滴沥》之五中，郁达夫写道："于山山上，最值得登临怀念的，是山西面的一座戚公祠，祠里头的一所平远台。明参将戚继光，大败倭寇回来，曾宴士卒于此。至今戚公祠内，供奉着的一张彬彬儒雅的戚将军像……游人过境，个个都脱帽致敬。浩叹着现代良将的不多。"

"繁霜尽是心头血，洒向千峰秋叶丹"。多年以后，当我们登临蓬莱峰，抚摸石刻，仿佛和这位"上马踏平南倭北虏、下马写就诗文辞赋"的儒将饮酒畅谈，体会他矢志不渝的拳拳报国心。

"双峰梦"奇缘

江 榕

邂逅乌山"双峰梦"摩崖石刻是在一个冬日的傍晚,天色将暗未暗之时,从乌山路与白马北路交叉口东北侧,进入乌山历史风貌区。沿着宽敞的路面而上,仿佛有神指引,笔者来到"石壁观音"前。对面是石天景区,"双峰梦"就在这个片区。

在山石间穿梭,林木萧森,直觉将笔者牵引至"双峰梦"。

"双峰梦"题刻

沿护栏旁小径登临其间，见两块巨石相卧，架起一处天然岩洞，右侧石壁上题着擘窠大字：双峰梦。落款：邵嘉民谓宾书。

明代邵嘉民题写的"双峰梦"字迹清逸俊秀，笔力不凡。

这是他为唐朝隐士周朴所题。周朴（？—878），字见素，一作太朴，福州长乐人。其人无功名之念，曾避地福州，寄食乌石山寺庙。观察使扬发、李海招聘，皆拒而不往。唐乾符五年（878），黄巢陷闽，欲用之。周朴说道："我为处士，尚不屈天子，安能从贼"，遂被黄巢杀害。

周朴工诗，为诗极力雕琢，字斟句酌，盈月方得一联一句，当时诗家称为"月锻年炼"，未及成篇，已播在人口，佳句广为传诵。其《董岭水》有"禹力不到处，河声流向西"之句。一士人路遇周朴，故意念成"河声流向东"，吟罢即跨驴迅跑。周朴急行数里方追及，对士人说："朴诗'河声流向西'，何得言'流向东'？"痴迷写诗的他在游历乌山一带后，自然也留下不少名篇佳作，援引两首如下：

登福州南涧寺

万里重山绕福州，南横一道见溪流。

天边飞鸟东西没，尘里行人早晚休。

晓日青山当大海，连云古堑对高楼。

那堪望断他乡目，只此萧条自白头。

薛老峰

薛老峰头三个字，须知此与石齐生。

直教截断苍苔色，浮世人侪眼始明。

清代小说《闽都别记》又称《双峰梦》。全书长达四百零一回，一百二十余万字，所写故事肇始于晚唐，结于清初，时间跨度达七百余年。它以章回小说形式描写了福州地区的社会生活，记录了大量的民间传说、历史故事、地方掌故等，

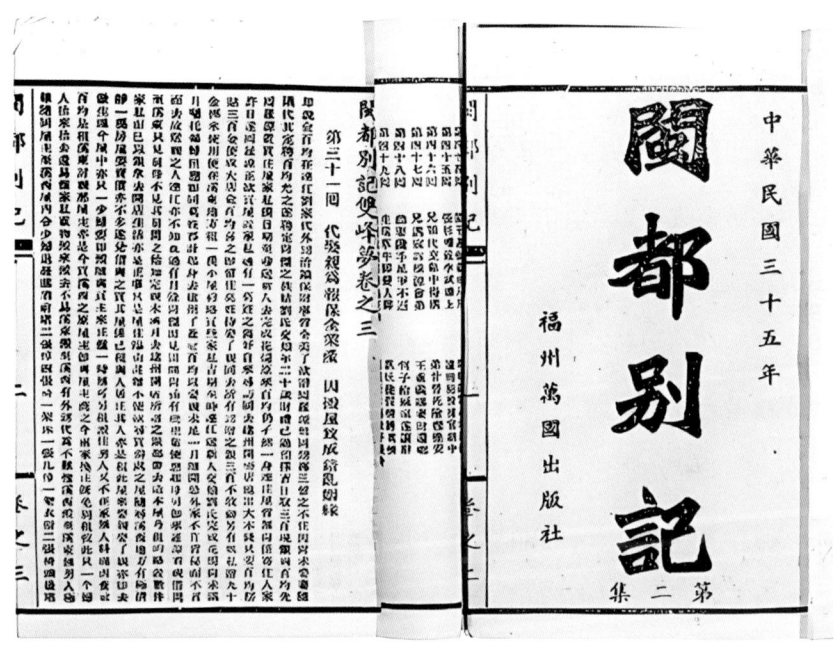

《闽都别记》书影

后人把它视为展现福建乡土文学和民俗文化的瑰宝。这部堪称"福州版的红楼梦"的清代小说，以"周太朴幻入双峰梦，僧懒安预知三世缘"为开篇，揭开鸿篇巨著的帷幕。

　　早年乌石山地僻人稀，山麓有一处士，姓周名朴。周朴不仕，隐于闽省，与乌石山上的双峰寺住持僧懒安时常来往。周朴擅长写诗，在一个暮春晴霁的日子，先后来到乌石山的南涧寺、神光寺、薛老峰亭，有感而发，题诗于壁。懒安和尚称赞其诗绝妙，并邀他到双峰寺喝茶。周朴因疲倦，借来藤枕，在长凳上便睡，做了个奇梦。懒安听他讲述梦境，认为此梦是周氏三世奇缘的征兆，并为其详细解梦。他劝诫周朴要收敛锋芒、避影存形，莫管身外之事，才能转祸为福。周处士大笑曰："前邯郸一梦，只觉一世。今双峰一梦，竟知三世，诚仙法不如佛法高也。"但他其实并不把此事放在心上，只"聊作一部传奇"来看。

　　吃完饭后，他在庭前看到蝴蝶被黄雀啄去，又取笔题诗于壁。当看到周朴所写的诗句"可怜黄雀啄将去，从此庄周梦不成。"懒安大觉不妙，再次提醒周朴：现在黄巢作乱，必延至此，先生何不早去远避？周朴却反怪和尚贪生怕死，拂袖而去。后黄巢进攻福州，周朴单身闯进贼营，劝他弃邪归正。黄巢怒而杀之，周朴喷出白色的血，黄巢大惊，退兵而去，使福州百姓免遭涂炭。

　　《闽都别记》以个性鲜明的周朴为开篇人物，读之使人印象深刻、兴致盎然。想来读者会发出疑问：既有懒安解梦，周朴如何不依循《周易》之理趋吉避凶？笔者认为，除了出于小说情节设计，更因小说原型为唐朝人周朴，本性耿直不屈，非谓其浅薄愚昧也。若非如此，明朝邵嘉民也不会为其题写"双峰梦"，清朝作者也不屑将其放置在《闽都别记》首篇之位。

　　一方摩崖石刻背后尚且隐藏着如此深远的历史故事与文化，更何况是体量之多、规模之大的乌山摩崖石刻群。

　　这些摩崖石刻屹立于山水之间，书写着闽地风雨沧桑。与其说这些山石是汲取了天地日月之精华，不如说是历代文人雅士赋予其神韵。他们在风景殊胜的乌山落笔成诗，留下无数脍炙人口的诗作，其中就有清道光年间历任宁德、台湾教谕的刘家谋写下的《双峰梦》一诗："横擘巨灵掌，中凿浑沌窍。万象敛空明，一梦通奥窔。仙鹤响远音，老松发高啸。萧然群籁交，似奏钧天调。空山无人来，明月夜深照。"此诗与此景，甚合。

石上的祝寿

吴土芬

　　在冶山诸多摩崖题刻中，有一处"泉山聚寿集"最显欢乐喜庆。此题集位于冶山五曲处，朝向北。那年，施景琛以他大哥施绩宇六十诞辰为契机，邀集一百五十多位名人，聚宴冶山，题名刻石。施景琛题刻如下：

冶山"聚寿峰"题刻

丁卯 (1927) 冬, 绩宇大哥六十初度, 余征海内耆宿诗翰百五十人, 汇编《泉山聚寿集》。太仓陆彤士告余曰: "吾乡南园, 有王敬美寿兄元美六十诗刻石, 世称佳话。"余师其意, 录题额四种刻石, 敬祝大哥长寿。长乐施景琛谨识。

这块题刻专属区内, 除施景琛题记外, 还有黎元洪、王士珍、俞陛云, 他们分别题刻: "盍簪齐庆""洛社遗风""群彦汪洋"。

"泉山聚寿集"有标题、有主体、有"跟帖", 令人赏心悦目。细读, 仿佛能看见石上醉人的欢颜。时光倒流, 曾经的一幕幕华美欢娱的场景如电影般铺陈开来……

冶山摩崖一景

王士珍为此次聚会题榜书"盍簪齐庆"，笔力遒劲。盍簪，《易·豫》："勿疑，朋盍簪"，意谓"不要再迟疑，朋友们，快来相聚吧"。这里指士人聚会冶山共庆六十大寿。黎元洪则榜书"洛社遗风"以纪念。洛社是宋欧阳修、梅尧臣等元老在洛阳组织的诗社，欧阳修《酬孙延仲龙图》诗："洛社当年盛莫加，洛阳耆老至今夸"，可见洛阳诗社的声名。此次文人名士聚集冶山、共同保护名胜古迹，大有当年洛社风雅。"群彦汪洋"为俞陛云榜书，群彦意为群英，汪洋意为水势浩大，这里指人才济济、齐聚同庆。

冶山人文鼎盛，作为文化高地，历代赋咏之作连篇累牍；作为教化重地，它延续了福州文化血脉。然沧海桑田，人事代谢，今人所见的冶山仅仅是地势略高于平地的一段丘阜而已。然冶山之上的摩崖石刻却是历史、文化、艺术的见证。我们徜徉园林景致，解读名山文物，自当回溯历史，深思涵蕴，抚今追昔。

文物是不可再生的文化资源，它承载着灿烂的文明和历史文化。当我们游览冶山胜境、阅读文献时，不禁为闽都的文化遗产感到骄傲与自豪。如今，新时代的闽都文化传承与研究方兴未艾、蔚然成风，我看到冶山孝社社长陈元春先生退休后沉醉于冶山摩崖石刻整理和考究，出版《冶山摩崖石刻新编》等书籍，致力于园区内景物保护和宣传，常常对学生和游客进行石刻景观的义务讲解。还有许多摩崖石刻爱好者满怀热情跟随文史老师进行实地考察与学习。

1927年冶山聚寿题刻之时，中国还处于半殖民地半封建社会，那时政局动荡，民生凋敝。时光跨越百年，中国人民经历了艰苦卓绝的斗争，经历了困难与挫折。当我端详这段泉山聚寿集摩崖石刻时，心情久久不能平静。

乌山摩崖石刻剩语

陈常飞

乌山摩崖石刻上的题字凝炼地概括了这一区域的胜迹，或是表达某位历史名人的心境，或是点出某片区域的景致，又或是记录某段佳话……如万历丁亥（1587）曾楷芳书"神游"二字，在乌山东南坡读此刻，容易联想到"与物神游"。这种"超脱"的精神境界源于中国传统审美理念，可能是题字者静观乌山景色后所书。一说"约在明嘉靖三十七年，倭寇犯境，福建提学副使宗臣负责守卫古福州城西门，拯救数万名福州百姓。宗臣离世多年后，百姓依然满怀感激，在乌山镌刻下'神游'二字，纪念这位对乌山美景心驰神往的抗倭英雄"。（见《福州晚报》《乌山摩崖石刻：罕见的文化宝库》）如乌石山南坡的"山高水长""云岫"等摩崖石刻，它使人联想到某部古典文学作品、某段历史故事。

东晋诗人陶潜《归去来兮辞》问世后传诵不衰，篇中"云无心以出岫，鸟倦飞而知还"一句更成为名句。而取"云岫"两字以为意境写照，这种"截字"方法则是古典笔墨游戏中的常见手法，其讲究"蕴藉"，而不落俗套，如此则能起到很好的点景作用。《红楼梦》第十七回"大观园试才题对额"中就有一段与"命景"相关的精彩描写。而"山高水长"多用于形容人格精神或为人风范。北宋名臣范仲淹在《严先生祠堂记》中称赞严子陵道："云山苍苍，江水泱泱，先生之风，山高水长。"这一成语也被后世频繁引用。

乌山北坡之"净岩""染月""第一林泉"等摩崖石刻观之使人澄怀、静心。

"海阔"题刻

"天空"题刻

"净岩"两字使人想到释家"净地"一词。乌山一带确为"净地",包括文献记载和现存寺庙有乌山大士殿、净慈寺、石塔寺、弥陀寺、大中寺、南涧报国寺、华严院、神光寺、仁王寺、五百罗汉寺、闽山保福寺等。而"染月"亦绝非凡笔,它让人联想到"月染霜林"景象和"月印万川"的哲理。不得不感叹中国文字,就算是简短到一个词语,也能充分表现自然风光与个人情感。还有直抒胸臆的表达,如"第一林泉"四字,这是赞叹乌山静逸。这些摩崖石刻相对记录具体历史事件的摩崖石刻而言也丝毫未逊色,有它的独特韵味。

乌山是诗歌荟萃之地,当读惯那些作品时,偶见这样的字词,亦觉得脱俗。诗文为乌山存史,而这些词语也点醒了乌山景致。

最后再说"海阔""天空"四字。

"海阔""天空"摩崖石刻位于乌石山巅邻霄台南向,旁款为"康熙壬子秋八月",即康熙十一年(1672)八月。此前有关文章对其已有初步考

林佶《乌石山图》

证，如林璧符《乌石山"海阔天空"作者之谜探究》等文。2024年11月，有人在"天空"题刻右上侧发现"靖南王题"四字。笔者在编写《乌石山新志》一书时，得连天雄提供乌山古诗、文章等资料，其中沈轶刘《八闽风土记》一则文字，也可补充此摩崖石刻内容之阙："海天阁在乌石山南，巨岩双耸，左有摩崖曰天空，右曰海阔，上距山巅尺只。陈宝琛阁学建阁两崖间，占势绝伟，凡两层，后为峭壁，前俯平畴，左右各拥'海阔''天空'岩，苍松夹植四隅。凭阑纵目，光景清润，山飙时来，松涛万斛起肘下，意态遒上。东望闽流，苍茫烟霭，五虎石鼓，尽收朗抱。名曰海天阁，一取崖题，一崇实景，可谓巧合，月夕风晨，诗声出林薄，翛然尘外，今毁无片瓦矣！"

民国陈樵《春日登海天阁》一诗的内容亦能作为一段补充。诗云："蹑屐乌山最上头，海天无际眼中收。万人家密蜂窠似，四野山低螺黛浮。古木露根蟠石壁，微风入阁韵松楸。望耕台好重来望，一十年前忆旧游。为报京华遗老知，苔痕不上落成诗。山栽桃李春来早，路入烟云日落迟。大石两旁题作碣，闽江万顷缩为池。行藏自审师曾说，那管长安似弈棋。"

当建筑载体已经远去，这些摩崖石刻就成为其方位的真实记录，所谓"存史"价值，于此可见一斑。

九仙胜迹

江　榕

"偶尔寻幽上翠微，游人啼鸟似前期。"这是北宋蔡襄登游于山所作《九日登九仙山》的诗句。

据史料记载，汉初闽越王无诸曾在山巅宴集群僚，这一天正好是九月初九重阳节，落名"九日山"。而在民间则流传着临川何氏兄弟九人来此炼丹升仙的故事，所以于山又披上了仙气飘飘的名字——九仙山。

历代文人墨客在此畅意抒情，不免兴叹于"人生有涯"，多会提笔刻石，以兹留念。于山林木清幽、崖石林立，风景殊胜。清代，陶浚宣在大士殿西前侧所书石文，也值得品读：

九仙胜迹。

光绪庚子二月，郡守江都徐兆丰偕大兴程祖福、傅栻，钱唐张

景祁，会稽陶浚宣、孙星华，归安宋尊望，鄞赵时桐，金华童景枫

同登九仙山。浚宣题篆并记。

陶浚宣（1846—1912），原名祖望，字文冲，号心云，别号东湖居士、稷山居士。会稽陶堰（今绍兴越城区）人。光绪二年（1876）举人，次年考取觉罗汉教习，十二年会试，挑取誊录馆方略。后出任广东广雅书局校勘，又任职于湖北志书局。他工书法，上自秦汉，下迄六朝，无所不学。清光绪时所铸银元、角子、铜元上"光绪通宝"模字，皆为其手笔。同时又擅诗文，所著多未刊印，著有《百首论

书诗》及《稷庐文集》。

摩崖石刻正文"九仙胜迹"四字线条流畅，整体透着一股古雅气息，让人看了心旷神怡。篆书是中国的古老字体，古人曾说："为人不可不学篆书。篆书者，文字之祖也。不学篆书，不足以识文字之情。"蔡邕在《篆势》中亦称"字画之始，因于鸟迹。苍颉循圣，作则制文。体有六篆，要妙入神。或象龟文，或比龙鳞。纤体效尾，长翅短身。颓若黍稷之垂颖，蕴若虫蛇之梦缊。扬波振激，鹰跱鸟震。延颈协翼，势似凌云。"篆书融入自然万物之气韵，刻在于山之上，真是两相契合，得奇绝之胜。

"九仙胜迹"题刻（林双伟　摄）

于山炼丹井

崖石下方为楷书，纵十行，记录此次集会时间和人物。聚会由徐兆丰发起，这一年，他初任福州郡守。

徐兆丰（1836—1908），字乃秋，江都（扬州）人，同治十三年（1874）进士，曾为京官，光绪二十二年（1896）任邵武知府，光绪二十六年（1900）任福州郡守，善书画，尤善小楷，藏书颇丰，著有《风月谈馀录》等书。其所藏书画珍品多用"江都徐氏藏书"或"江都徐氏"印鉴。重阳节这天他召集各地名士、学人共游九仙山。同游者有程祖福、傅栻、张景祁、陶浚宣、孙星华、宋尊望、赵时桐、童景枫。这些人在文

"九仙洞"、"寿"题刻

化、艺术方面皆有造诣，可谓群贤毕至。

在这短暂的雅集之后，他们将要面对的却是国家的动荡。当时正是光绪庚子年二月，也就是 1900 年，清朝已然走向衰败。

世事无常，斯人已逝，摩崖犹在。看大士殿下的九仙洞和炼丹井，笔者脑海中就浮现清朝林直的诗句："云开露岩扉，中有仙人住。不闻空谷音，山花坠秋暮。"读山中"九仙赋"石碑，恍如乘一叶之扁舟，遨览于山之美。于山的自然景观和人文景观交相辉映，如一幅意境深邃的画卷，至今仍不负"九仙胜迹"之名。

清幽的于山

读"鹤舫"石刻

李晓茹

　　冶山内有大量摩崖石刻，沿着石阶拾级而上，就能发现多段。历史上，众多达官显贵、学者名人为这块风水宝地挥毫泼墨、吟诗作赋。他们的书法、诗词文章给后人留下重要的时代信息，其中也包括今天的冶山摩崖石刻。

　　"鹤舫"榜书位于"六曲"东，"九曲池"石刻的左侧，朝向东。传说，是施景琛为了怀念他的大姐夫叶鹤舫所题。

　　叶鹤舫，乃泉山老人施景琛的大姐夫，名叶伯鋆（约 1855—1901），字鹤舫，侯官人；早年毕业于福建船政后学堂，后成为知名海军将领；曾任"登瀛洲"兵舰舰长，"南瑞"铁壳舰舰长、总兵，以及"建威""建安"两快舰统带等；著有《自治斋刍言》《英文舰法指南》等。其妻子施毓敏，字晴雪，是施景琛的大姐，曾任福州私立泉山女子学堂校长，通经史，工诗词，著有《浣花轩诗集》《蜃楼人影》等。

　　施景琛在《泉山楹联初集》中有为他的姐夫叶鹤舫写了挽联："一疏正乞骸，羡公晚岁遂初，生荣死哀，毫无缺憾；千金难报德，叹我少年失怙，饮食教诲，胥赖扶持。"施景琛出于对姐夫的怀念，题刻"鹤舫"二字。字虽简短，反映的是他对叶鹤舫的感恩与怀念之情。

"鹤舫"题刻

在冶山西面，"二曲"石刻左上端，亦有楷书摩崖石刻"晴雪峰"。晴雪峰位于冶山的高峰，右侧与独秀峰相邻。《泉山楹联初集》中，施景琛在挽大姐晴雪的楹联中写道："死生有数，露于哀吟，可怜药石无灵，群季焚须空侍疾；著述未完，引为遗憾，但愿枣梨负责，他年续史借酬恩。"从挽联内容分析，可能是施景琛为了怀念其大姐施晴雪，而题刻"晴雪峰"，亦在寄托心中对大姐晴雪的怀念之情，表达他对失去亲人的无限哀伤。

从施景琛写的挽联中可以看出，他少年失怙，幸有大姐和姐夫的照顾，在他成长的道路上给予了无私的支持和帮助，让他体会到了生命中亲情的温暖。诗经《魏风·陟岵》中有云："陟彼岵兮，瞻望父兮。"此诗以登高望远的情景，表达了对远方父亲的思念之情。父亲的话语充满了对子女的关爱与叮咛，在子女远行服役之时，也不忘提醒子女要谨言慎行，早日归来。在中国传统观念中，"长姐如母，长兄如父"这一说法深入人心。若父母早逝，由兄长或长姐承担起照顾年幼弟妹的责任，就如同父母一般。"长兄如父春风语，弱弟成人棠棣姿。皓月千山照前路，翩然一鹤上仙池。"这首诗是说长兄如同父亲一样，对弟弟谆谆教导，关心他们成长，并在其人生道路上给予帮助和指导。

冶山"鹤舫"题刻，正是施景琛对长姐施晴雪及姐夫叶鹤舫养育之情的感恩与怀念，他题刻于此，为的是寄托对姐夫叶鹤舫的怀念之情。

浅说《过冬梨记》

庄　勇

　　冶山不大，方圆不过数千平方米，而名气却很大；山高不过数十米，名声却高
远，可谓小山岗大乾坤。由于特殊的地理形胜和人文景观，古往今来都是名人雅士
的集聚之地。这里摩崖众多，怪石嶙峋，花木繁盛，古有二十九景之花果山美称。
从一曲至九曲，大大小小的摩崖石刻掩映在名木和花草之中。一步一景，步移景换，
小中见大，意趣盎然。王若恒所书《过冬梨记》摩崖便是这花果山中的一朵奇葩。

冶山九曲处

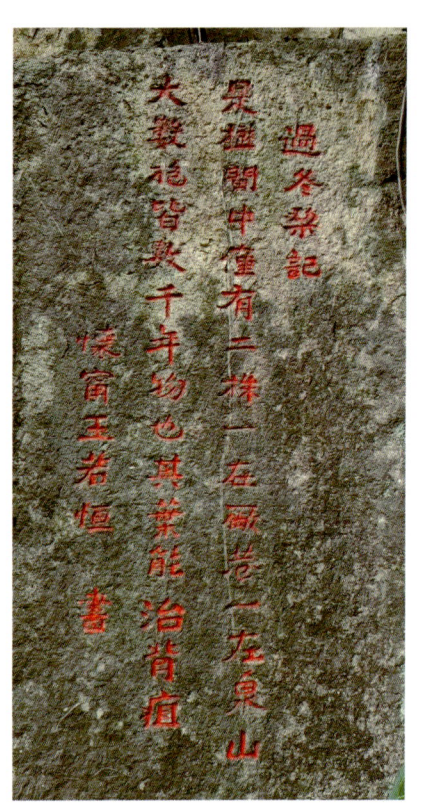

"过冬梨记"题刻

　　位于冶山八曲西向的一块岩壁上，王若恒题记《过冬梨记》的摩崖石刻引人注目。文曰：

　　过冬梨记。是树闽中仅有

二株：一在厂巷，一在泉山。

大数抱，皆数千年物也，其叶

能治背疽。怀宁王若恒书。

　　笔者查阅《植物志》、《树木志》、《本草纲目》及中医药学等资料，都鲜有过冬梨的记载。综合各种资料方知，原来，它是秋枫的别名或俗名，其果褐色或淡红色，其根、叶可入药。而背疽泛指生于背部的一种由病菌感染所引起的炎性疾病。

　　王若恒（1892—？），安徽怀宁人。早年考入保定陆军军官学校第一期步兵科；后又进入陆军大学学习，为第六期学员；毕业后，历任科长、处长、教官等职，授中校、上校军衔；1930年6月23日至1933年3月25日，转任闽侯县县长。这段石刻应是他任职闽侯县县长时所留。王若恒于1946年7月授陆军少将军衔，任军训部军事教材编审委员会编修官。由此可知，王若恒能文能武，既能从军职，又可任行政官职，他学识渊博，知识面颇广。在近三年的时间内，对闽侯县重要树种的分布情况颇为熟悉，他介绍"过冬梨"这样的树种在闽中仅有二株，且另一株是在厂巷（今鼓楼东街附近），并叙述到过冬梨树叶能够治疗背疽病这一药方。可见，他还具有一定的中医药学的知识或经验。此外，王若恒的任职经历也颇为特别，让读者对民国时期军政官员混合任职的情况有了一些粗浅认识。

淳熙《三山志》记载："唐元和八年（813），刺史裴次元于冶山南辟球场，即山为亭，作题诗于其壁。"冶山之景开始营造。从现存于福建博物院的《球场山亭记》残碑可知，当时的冶山"……为潭，为洞，为岛，为沼，窈窕深邃，安可殚极。凡二十有九，所声于歌咏者二十篇。"其中就有双松岭、筋竹岩、枇杷川、秋芦冈、桃李坞、芳茗原、山阴亭、红蕉坪、筼筜坞、磐石椒、白土谷、木瓜亭、梅榴亭、松筠陌、夜合亭、苍苔迹等数十处，其诗、文、亭名、题刻等取意于这里的花果树木。冶山有了福州地区花果山特色景观的雏形。此后，历朝诸多文人墨客，又不断对之加以补充，如摩崖石刻"桐峆""薇屺谷"等。又如，在六曲，有清光绪进士于君彦的"椒磐石"题刻；在一曲，有民国名人施景琛（字涵宇）的摩崖题刻《辛夷塘》七言诗，其中有"春风乱开白辛夷"句。而王若恒的《过冬梨记》，记载了生长于此千百年，能开花、会结果，叶可治病，且高大伟岸的稀有树种——过冬梨，着实为冶山中的一朵奇葩。游人置身其间，怎能不流连忘返？

清音人琴台

周　琦

　　冶山又称泉山，虽然叫山，不过是海拔几十米的，由石头垒积的小丘，因为巨石林立再加上文人墨客时常在这林木翁郁、古迹罗列之处聚会，或谈诗论画，或说文解字，或弦歌饮酒，或挥毫泼墨。

　　徜徉在这一块块巨石罗列的泉山前，品读那充满雅趣的文字，遥想先贤们恣意豪放的文思，使人由衷赞叹。其中的石刻，有的留下了姓名，有的不知出自何人手笔。泉山一侧有座小楼，名为仁寿堂，萨镇冰晚年在此居住。就在仁寿堂侧面百余

冶山欧冶池

米高的石壁上，一堆遍布断纹裂隙的石块间竟然分布着十几方石刻，而其正中间的那方钤刻着三个字"玩琴台"。

在古代士大夫中，流传着"四艺"——琴棋书画，这是文人雅士修身养性所必备的技能，可体现一个人的文化素养和为人品德。其中，"琴"居首位，可见古人对琴艺的重视程度。过去，一个文人对此可以不全面精通，但至少必须略有所知。唐代张彦远在书法学专著《法书要录》中阐述："辩才博学工文，琴棋书画，皆得其妙。"宋朝孙光宪在《北梦琐言》中介绍了一位雅士："唐高测，彭州人，聪明博识，文翰纵横。至于天文历数，琴棋书画，长笛胡琴，率梁朝朱异之流。"由此可见，在古代四艺皆精的可是牛人。

过去所说的琴，当然不是现代的钢琴、小提琴之类，而是中国的古琴，因其音淡声稀，奏琴者常常在操琴鼓瑟之时将自己的心绪和情感注入根根丝弦之中，借以抒发胸臆，因此深受文人喜爱，这才有了"弦外之音""动人心弦"等成语。过去常讲听琴听音、辨人辨声，文人雅士们或感慨于高山流水，或寄情于世外逍遥，或

"玩琴台"题刻

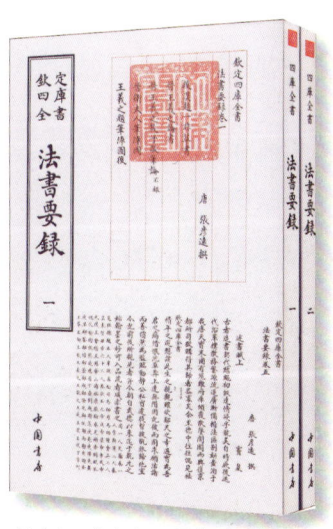

张彦远《法书要录》书影

喟叹于知音难寻……留下了诸多与琴有关的传世佳话，以及不少经典的琴曲。

琴声自然是能够引人共鸣的，而文人们在雅集演奏之时，将抚琴写入诗作中也就成为锦上添花的兴致。李白在《听蜀僧浚弹琴》中有"客心洗流水，余响入霜钟"的体验，卢仝在《风中琴》中有"一弹流水一弹月，水月风生松树枝"的感悟，王维在《竹里馆》中更有"深林人不知，明月来相照"的慨叹，就连岳飞也借琴抒发衷肠"欲将心事付瑶琴。知音少，弦断有谁听？"泉山石刻"玩琴台"三个字言辞凝练，可谓言简意深。一个"玩"字表明古代文人对琴的态度。可不是吗，过去的科举考试需要作文论策，琴艺再好，也不会列入正式考试，只能列入旁门。因此文人们操琴只是功课之余的消遣，不是求取功名的正经路径。

夏季傍晚夕阳即将西沉，暑热未消，正是"山映斜阳天接水，芳草无情，更在斜阳外"的时候，借着黄昏的余光漫步在古色古香的冶山春秋园中，观览着一方方石刻，品读着一行行文字。这些摩崖石刻，体现的是士大夫们对中国传统文化"天人合一"美学观念的追求与探索。文人墨客登山观景，寄情山水，将此时此地的所思所感注入笔端，镌刻于大自然的怀抱，一笔一画间彰显的是博大的胸臆，一字一句间饱含的是悠远的情怀。

"向去摩挲看石刻，谁知功在十年闲。"站在十余米高的石壁前，细细地端详着"玩琴台"三个大字，字体圆润，笔画流畅，"玩"字的偏旁多加一点写成了"玉"，"琴"字的下方"人"字插入两个"王"中间，而下面的点和折干脆取消，三个字字体工整，可见书写者具备一定的书法修养。可惜这方摩崖石刻未留下撰写者的信息，只能任后人猜想。这是一次文人的雅聚吗？是自己操琴还是听音生情？觥筹间思绪交错，词句间文采飞扬……

漫话榕寿岩

陈常飞

书法是中华文化的重要组成部分，是一种艺术表现形式，也是历史的生动载体，更是一门学术。随着书法的发展，其理论研究也日渐受人关注，相关著述层出不穷。福州有许多著名书法家和其他精通书法者，如林则徐、林佶、严复、沈觐寿、潘主兰等。他们笔下的作品凸显情怀与精神。摩崖石刻是书法载体之一，于书法研究也极有价值。

于山榕寿岩的榕树在福州颇有名气，在2002年福州十大古榕评选中，它名列第三。树旁岩石上的"寿"字系清道光十六年（1836）奎联所题，一说当年几人曾在此摆设筵席为榕树祝寿。前人乐于为名山命景，大概由于其地风景殊异，或这棵榕树过于抢眼，于是有人索性为之命名为"榕寿岩"，并题书勒石。

榕寿岩"寿"字石刻

黄荣春《福州摩崖石刻》"榕寿岩榜书"条记载："此刻系1978年王铁藩邀章友芝书。"

王铁藩(1927—1994)，福建省文史研究馆馆员，早年毕业于福州师范专科学校，1992年被评定为文物博物专业副研究馆员。他一生为福建文史作出许多贡献。据王亚青《王铁藩年谱》"1978年五十五岁"条记载，11月15日："9月26日福州市美术工作者协会恢复活动，王铁藩任常务理事，兼秘书。""11月15日福州市文化局组成修复于山工作班子，王铁藩负责戚公祠修缮工程，杨秉纶负责戚公祠陈列开放工作。"录此两条且增补此方摩崖同年事迹。

榕寿岩

　　章友芝 (1919—1983)，名沅，祖籍浙江绍兴，生于福州，早年于上海持志学院毕业，民国时任将乐县县长、民政厅视察、省训练团科长等职，中华人民共和国成立后任福州第十五中教员。他是福州画院创始人之一，曾任福州画院秘书长，还是中国书法家协会会员、福建省文史研究馆馆员、福建省政协画室画师。

　　章友芝早年从叶克㸌学画，花鸟、山水见长；抗战期间，同郑乃珖及蔡鹤汀、鹤洲兄弟等联合举办巡回画展；晚年常作小写意花卉，尤喜画梅，作有《百梅集》一册。善隶书，追慕伊秉绶书风。康有为在《广艺舟双楫》中，将伊秉绶誉为集分书之大成者，"其人在清代碑派书法潮流中，占有不可替代的一席之地。"（刘恒著《中国书法史·清代卷》）而章友芝穷探其书奥秘，得其精髓，曾被誉为"海内外隶书第一人"。

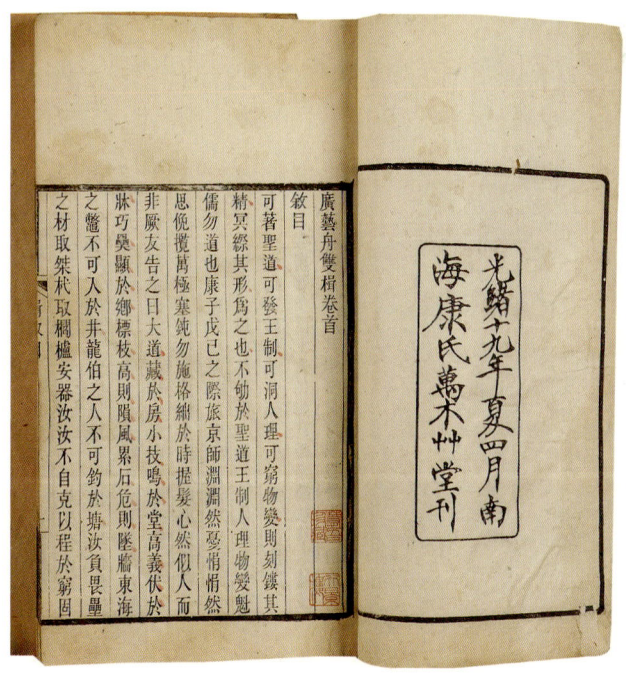

康有为《广艺舟双楫》书影

章友芝画作

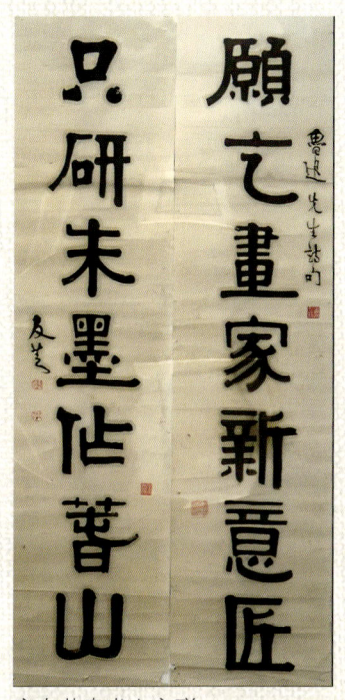

章友芝隶书七言联

章友芝隶书五言联

章友芝在治学方法上博观约取，艺术修养较为全面，于诗词文赋亦有钻研，一生沉耽书法，其隶书有"芝隶"之称。在于山、乌山、太姥山、雪峰寺等名山古刹中有其题字石刻。其少时学颜真卿书，1934年偶得伊秉绶隶书真迹四幅，欣喜之余即潜心研习，还将书斋命名为"怀伊庐"。后来他为探究伊秉绶书艺便痴心收集真迹，与其夫人对书迹双钩留影，日夜不倦。

通过章友芝"年表"，也能看出他对书画艺术的投入。

1938年，担任福州三山中学国画教员；1943年，于南平成立"天南金石书画社"，被推选为社长，组织成员在闽西北巡展、交流；1952年任私立开智中学文史、美术教员。在随后很长一段时间，始终痴迷书画、全身心投入，这一点从他后来所作"言志"诗中亦能看出："峄山溯篆隶师伊，多宝塔亭亦授之。故纸堆里耽到老，功夫深浅自家知。"（参考《章友芝书画作品集·章友芝年表》）章友芝作书主张追求"三气"，即金石气、飘逸气、书卷气。此金石气代表其对书风的取向；而书法中飘逸气是指处理书法线条时不拘谨、下笔不迟滞；书卷气则体现一个书家的文化修养。

书写"榕寿岩"那一年，章友芝的艺名早已蜚声闽省内外，且门下弟子甚多。当时他已年届耳顺，书风经过不断转化而愈发成熟，可谓神韵天成，气格高古。其书法得到许多人赞赏，其友刘松年诗有句云："平生低首拜汀州，形神欲夺伊秉绶。"

榕树蔽日可以乘凉，刘克庄所谓"有榕树处当凉台"；陆游亦云："醉吹横笛坐榕阴"，想必来者皆有同样感受。宋代理学家薛季宣曾作《大榕赋》，名臣李纲曾作《榕木赋》，想必题字者应该读过这两篇名作。今再节引《大榕赋》如下："承天之施，得生于地，不假乎人，不离乎类。不以直节为高，不以孤生为异。凌寒而不改其操，连理而不称其瑞。无庸而庸无尚焉，为其全虚愚之义也。至于交柯旁薄，分根合枝，异生同命，萦缭相维，倚天成盖，蔽野成帷。迷云而零雨不下，畏日而炎天改色。邑人之依，行人之得，不才而才无似焉，斯其为大通之德也。"文章阐发榕树之形、榕树之性、榕树之德，读来意蕴绵长。李纲《榕木赋》中对榕树特性也表达了相似看法："夏日方永，畏景驰空，垂一方之美荫，来万里之清风。靓如帷幄，肃如房栊，为行人之所依归，咸休影乎其中。故能不夭斧斤，楂击是免。虽不才而无用，乃用大而效显。"两篇文章论理像极了《庄子·人间世》中某处片段，令人读之领悟"无用之用，终为大用"之理。

这方摩崖石刻与周围景观相映成趣，这三字也点醒了这一带风景，同时启人以哲思。《道德经》有句云："不失其所者久，死而不亡者寿。"

事物终随时间而消亡，但那些经典文字却能代代流传，长存于世。

第二章 读刻漫笔——先贤寻踪迹

鼓楼区名贤往来不绝，至此地者多登名山寻胜。先贤或在山中聚会谋事，或登高舒怀，兴之所至，选石留题。逝者如斯，人物行踪多随时间消散，所幸石刻尚存，使今人可以借此追溯过往。潜研石文，能补史志之阙；凝视崖刻，可起烟霞之想。故虽寸缣尺楮，却弥足珍贵。

元绛与"金粟台"

潘 登

明何乔远《闽书》记载："金粟台。宋郡守程师孟取王氏塔中所塑金粟像名，后守元绛篆'金粟台'三字于石。"根据历史记载，元绛宋嘉祐七年（1062）知福州，程师孟于宋熙宁元年（1068）以光禄卿出为福州知府，显然"程师孟取王氏塔中所塑金粟像名"不可信。

金粟台位于福州定光寺白塔的西北侧。此处有一块大石头自然开裂而成一堆小巨石，远远望去，在阳光的照耀下，层层叠叠巨石如粟粒堆砌，闪烁着金色的光芒，恰似如来佛坐下的金粟莲台。

唐末，闽王王审知在于山西麓建造白塔的时候，正是金粟如来信仰盛行之时，其事迹在唐代流传甚广，因此王审知命工匠在定光塔（白塔）上塑祀金粟如来佛像。佛教中的金粟如来佛，以智慧卓越、辩才无碍的神通，协助释迦牟尼佛度化众生。他出入于酒楼闹市而能方便弘法，入污泥而不染地接引众生。佛界称他是火中金莲，智者的化身。

北宋福州郡守元绛任职时做了很多文化善事，其中便有在白塔侧坡地上并修筑命名了金粟台，作为佛教居士们的活动场所。为此，元绛题写的篆书"金粟台"三个字留存于今。郭柏苍《竹间十日话》记载："金粟台，篆书，一尺七寸，嘉祐间知州元绛书。"后来，元绛的侄儿元积中继任福州郡守，绘制金粟如来佛像于台侧。

于山金粟台

　　离别的心情总是令人怅惋，走得累了，三人来到白云寺西的野意亭休憩。野意
亭位于陈旸命名的"廓然台"畔，亭内"有孟参政庚、韩少师世忠画像"。据《三山
志》记载，二人平定范汝为叛乱后，"乡人德之，立像于其亭，孟朝服，韩戎服"。
看着画像中一身戎装的韩世忠，程迈不禁想起与之初见时的情景。那时韩世忠"自永
嘉（今温州）浮海至福州"，众人以"贼锐，欲留以俟元夕"，可韩世忠豪气干云，
与众人约定"元夕还见"，遂"不整阵，串巢穴而出，直抵建城"，连攻六日，"造
楼车以登，拔之，汝为自焚死，余党悉平"。这荡气回肠的一战，至今仍为人传诵。

　　走走停停，当三人登上鳌顶峰西北的小华峰时，随从已摆上宴席，樽里斟满了
酒，俎里盛满了肉。程迈登高远眺，见山峰森列，碧岫堆云，那若隐若现的岩扉中，

程晋道题名石刻

应该有仙人居住吧，只是不知道是传说中"呼名为九仙"的何氏九兄弟，还是唐御史黄滔所称在此飞升的"古仙徐登"。可惜呀，明天，自己就要晋京述职去了，下一站，不知道会去哪里，可哪里又能像福州一样，留给自己这么多的美好回忆。

见程迈兀自愣神，刘峤、徐宇忙上前敬酒，并祝曰："晋道此行若登仙。"

程迈不禁哂然一笑。这话出自《唐书》，说的是唐朝有一个《内外官出入常制》的条例，凡地方官改做京官，就是升迁，京官改做地方官，就是贬谪。唐开元四年（716），尚书右丞倪若水因考核不佳，被贬到地方任汴州刺史兼河南采访使，恰巧遇到淮南采访使班景倩。班景倩因考核优异奉调进京任大理少卿途经汴州，倪若水为其接风，席间感叹一句："班公是行若登仙。"后人常以此句赠送像班公一样扶摇直上、升迁要位的人，而宋代官制，亦是重内轻外，用于此时送行，恰如其分。

"怅念艰虞以来，盍簪之乐盖不易得"。是呀，人在官场，身不由己，离别在即，只好把种种不舍，都付"樽俎"之中。

当他们下至野意亭时，随从早已磨岩以待，将程迈三人的行迹刻在石畔：

程晋道解帅事，将造行阙前一日，拉徐持志、刘仲高同访小华峰，登廓然台，憩野意亭。超然遐瞩，危岑列岫，尽落樽俎间。晋道此行若登仙，而居者无路挽留，不得从容物外之乐，殊为大恨。绍兴壬子季秋十一日。时侯仲勉以疾不至。

郑滋等题名

陈常飞

　　齐安郑滋德象、吴兴刘峤仲高、颍川范正国子仪同饭素于万岁寺，烹茶金粟台，登三山阁，观闽王所施织经及佛。时雪初霁，江山明润，顾望久之，遂过野意亭。绍兴二年季冬朔，辛炳如晦，以干不至。

　　这方摩崖石刻读来空灵如诗，又如一张生动的于山寻胜图。

　　绍兴二年（1132）冬月，郑滋几人逗留万岁寺中，又烹茶金粟台以慰雪寒，继登三山阁揽胜。文中在"遂过野意亭"一语后不再记述行程，但这种"留白"的笔法给人无尽想象空间。

　　这几处景致既熟悉，又陌生。熟悉的是史上不乏文献记载，陌生的是今之所见不复当年景象。存留的很多即景咏怀之作，只是让人徒发喟叹，读后写下一句类似"俯仰之间，已为陈迹"的话。

　　金粟台，于山二十四奇之一，多少人曾经题诗台畔；三山阁，于山三十奇之一，古时登临此处可一览海天无际；野意亭亦文人游山休憩佳地。万岁寺为闽王王审知所建，一名"定光寺"，俗称"白塔寺"，寺名之更变见志书记载："万岁寺，在九仙山之西。有塔七级，曰'定光塔'。唐天祐元年（904），闽王审知建。梁开平中，表请于朝，祝天子寿，取其名也。宋乾道中，丞相史浩改为华封定光寺。"（万历《福州府志·杂事志三·寺观》）这是于山历史上的一件大事。

郑滋等题名石刻

宋以后文人几乎都有"寺院情结",其原因可能是喜好释家哲理,希望精研释典,期与儒学融通。或因世故之累而学禅,醉心于寺院清逸环境。文人学者为寺庙写碑作记之事,可谓"不胜枚举",如谢肇淛《重建罗山法海禅寺碑铭》、孟超然《重修报恩定光塔记》、魏敬中《重建万岁塔寺香灯田记》、曹学佺《法海寺募化塑佛疏文》、龚用卿《万岁寺定光塔铭》、徐熥《兴复罗山法海寺募缘疏》等。当代文史专家们依然关注寺院历史,如王铁藩、郑丽生就曾编纂《福州定光塔寺志略》。

万岁寺是福州城中胜景,寺中定光塔从古至今皆为名邦地标、古城名片,宋谢泌云:"城里三山千簇寺,夜间七塔万枝灯",该塔即七塔之一,所以访寺临塔者不绝于史,所留下的诗几乎可以编成一部"诗话"。其中,郭柏苍之诗写得较为具体,画面感也较强烈,引录其作《万岁寺塔》如下:"俯视见乌塔,对峙无尘土。少时快先登,余勇犹可贾。今成伛偻翁,隆焉谁肯伍。渺渺出万象,停停际千古。七城烟树合,暑月不知午。飞鸢屡盘旋,遗影落天宇。新晴江海明,远山净可数。凉飚举客衣,蝇蚋那得侮。既无凌云翮,但避俗眼睹。进退不我讥,远近随所取。巍然为崱峰,定当作云雨。"

摩崖石刻中提到的几位历史人物,在当时官场上必有交集,但线索比较隐晦。可以肯定的是几人志趣相投,他们相邀徜徉林壑,自题岁月,才有了这次行旅和这方摩崖石刻。

郑滋(?—1149),字德象,宋绍兴间历兵、吏、刑、户等部侍郎。范正国(1089—1150),字子仪,苏州吴县人,历官至荆湖北路转运使。刘峤,字仲高,吴兴人,绍兴二年(1132)任福建提刑,"在福州刻印宋司马光《温国文正司马公文集》八十卷。"(见方彦寿《福建历代刻书家考略·宋代》)辛炳,字如晦,侯官人,元符三年(1100)进士,曾任监察御史等职。摩崖石刻信息记录了他们生活中诗意的一面——眷恋自然山水,也对"案头山水"情有独钟。

01/ 于山定光寺
02/ 于山万岁寺旧照
03/ 远望白塔（福州旧影）

北宋时期，朝廷制定一系列奖励政策，如授予官职、赐予钱财等，以号召朝野进献图书，南宋建立初期也是这样。这种举措有力推动了文化事业和学术研究的发展，也在士大夫群体中形成"惜书"风气。许多寺观皆有藏书，如福州鼓山涌泉寺、厦门南普陀寺等皆庋藏颇富。寺观藏书是古代藏书事业支柱之一，其书籍来源主要是官方赐书，或寺院自行刊刻。有的释家也好藏书，郑樵《通志·校雠略》记载："又尝见浮屠慧邃收古人简牍，宋朝自开国至崇观间，凡是名臣及高僧笔迹无不备。"所以郑滋等人入寺中查看当年王审知所赐经藏，是风气使然，也是雅好所趋。

寺院为山林增色，也为古时文人提供了活动空间，而宿儒名宦、骚人墨客则赋予寺院人文内涵。佛教文化对哲学思想产生了极大影响，也丰富了文学艺术内容。

李纲等乌山聚会

江 榕

　　高山之树，遒劲而自带风骨，正如那些充满浩然正气的仁人志士，他们忠君爱国，把气节看得比生命还重要。"人生自古谁无死，留取丹心照汗青"这是誓死不

孟庾、李纲等题名石刻

屈的文天祥。"三十功名尘与土，八千里路云和月"这是精忠报国的岳飞。"节义泰山重，富贵鸿毛轻。吾心与明月，照见万古情。"这是被朱熹誉为"一代伟人"的李纲。乌山的摩崖石刻曾记录李纲与友人"聚会"的文字。此石刻在霹雳岩下，南向，文曰：

参知政事孟庾，宣抚闽部按视城守回，邀嗣濮王仲湜、资政殿大学士李纲、龙图阁直学士许份、显谟阁待制王仲嶷、监察御史福建抚谕胡世将、集英殿修撰知福州事程迈、前右正言邓肃、参议官尚书屯田员外郎李易、机宜朝散郎胡纺、干办公事直秘阁马咸、承议郎郑士彦会于乌石山之长乐台瑞云庵。绍兴壬子正月二十一日。

乌山朱子祠一带

李纲画像

李纲（1083—1140），字伯纪，号梁溪居士，谥忠定，祖籍福建邵武，政和二年（1112）进士。他是两宋之际重要的闽籍抗金名臣，集政治家、军事家、文学家于一身，著有《易传内篇》《易传外篇》《论语详说》等。

李纲坚信儒家道义，一心为国为民，然而他的"刚健有为"触及了主和派的利益，他们向"摇摆不定"的皇帝屡进谗言，致使李纲遭贬且辗转流徙，数次来闽。

李纲与福州结有深厚的缘分，他的高祖父李待曾"仕闽以武力显"。其父李夔为元丰二年（1079）进士，其母出身书香门第、知书达理。李纲少年时随父在军中，耳濡目染，学习了诸多政治、军事知识，立志报国的种子也在他的心中潜滋暗长。面对国家的内忧外患，李纲直言敢谏，言论多切中时弊，然而宋徽宗责其言论"不合时宜"，贬其至沙县。李纲谪居沙县时结识邓肃，他们谈古论今、吟诗作赋，很是投缘。邓肃作《寒梅上李舍人》赠李纲。

寒梅上李舍人

穷山触目纷茅苇，此意昏昏谁可洗。

竹间忽破一枝梅，对月嫣然耿寒水。

吟诗索酒满高堂，穿帘的皪射晶光。

世上膻荤来不到，翦翦天风吹冷香。

人言百花睡未起，独冠群芳差可喜。

那知和羹自有期，未用争雄压桃李。

但怜雨雪正濛濛，寒意未舒万象穷。

故作选锋驱残腊，挽回天地变春风。

李纲当即和作《次韵邓志宏梅花》。

次韵邓志宏梅花

空山极望皆黄苇，欲挽天河聊一洗。

溪边的皪见梅花，冷蕊疏枝澹烟水。

安得健步移我堂，清夜桂魄来孤光。

人寰尘土飞不到，鼻观寂寂闻天香。

吾衰文思久不起，见子新诗端可喜。

落英坐使笑天桃，结实定知非苦李。

年来踪迹堕空濛，与子追随邈未穷。

琢磨妙句觑天巧，为我一振诗家风。

宦海沉浮的李纲正是因为结识了一些如邓肃这样的友人，方能排解心中的愁苦。他们共同探讨学问、寻幽访古、诗词酬唱，留下许多千古佳话。

绍兴二年（1132）正月，宋高宗派遣孟庾、韩世忠至建州平叛。孟庾到福州后，即视察城守，他邀约李纲、许份、程迈、邓肃等十一人相聚乌山长乐台瑞云庵，激励众人同心协力，以破敌建功。乌山这一方摩崖石刻正是这段历史的见证。

薛直老等题记

江 榕

　　白塔寺始建于五代时期，坐落在于山西麓，从古至今，吸引了众多香客，也迎来送往了无数文人墨客。在古代，不乏名流来此雅集，他们有的把游历记录在于山巨石之上，后人方得以怀想当时，其中"薛直老等题记"也值一说。

　　"薛直老等题记"在补山精舍附近的平远台侧，西北向，楷书，文曰：

薛直老等题记

　　闽帅薛直老具饭于补山精舍，招赵表之。表之初自三衢来游三山。补山在城之东南隅，即九仙第一峰也。寺有高塔、杰阁。金粟、平远二台皆甲于南闽。登台纵目领览海□之胜，虽李太白骑鲸探禹穴、跨□登天门，其玩奇纳爽，无以异此□。才源吕希祖、山老何晋之同集。绍兴十八年十月十三日。

　　这段文字刻于南宋绍兴十八年（1148），那一年恰好也是龙年。薛直老在补山精舍置办斋宴招待赵表之，吕希祖和何晋之也参与了这次聚会。

　　薛直老（1088—1150），名弼，温州永嘉人，北宋政和二年（1112）进士。绍兴十五年（1145）九月，以左朝议大夫、集英殿修撰知福州，因功改知广州，擢敷文阁待制。出任福州知州时，他建清閟亭于九仙楼下，修万象亭于燕堂北。

　　赵表之（？—1158），名令衿，号超然居士，汴梁（今河南开封）人。他是宋太祖赵匡胤次子赵德昭玄孙，博学能文，在宋徽宗大观二年（1108）中舍选；因直言敢谏，坚持抗金，几经宦海沉浮。绍兴二十一年（1151）任泉州知州，安平桥、东洋桥正是由他主持修建，泉州人感念其恩，修建赵公祠。

于山补山精舍

这方摩崖石刻承载着一段历史。

那一天，赵令衿初次来于山，身为福州知州的薛弼知晓赵令衿"多与禅衲游"，便在白塔寺的补山精舍设宴招待他。补山精舍位居高峰之上，周围有金粟、平远二台。当他们登台望远、纵目骋怀之时，看到远处滔滔的江海，不由得心神激荡、思绪万千，遥想洒脱如李太白当年，如入鲲鹏自由之境，超拔世俗纷扰，瞬间如烟逝去，唯余快意。

当时补山精舍为白塔寺接待宾客之所，飞阁流丹，建于高台之上，四野青葱，翠鸟鸣唱，光影斑驳。精舍前的"寿字榕"在巨岩间不断向下扎根，枝叶奋力向上，如今已长成参天大树，成为乘凉宝地。从补山精舍逐级而下，即可通往薛弼当年整修过的万象亭。

在翻阅历史资料中，笔者发现李弥逊曾分别为薛弼和赵令衿作过诗。钱钟书认为，李弥逊的诗不受苏轼和黄庭坚影响，命意、造句都新鲜轻巧，可谓独树一帜。赏读以下这两首诗，可窥见当时的于山风光以及人物友情。

题薛直老府园万象亭

断取方壶将郡壕，钩连野色上亭皋。

星移日转天容丽，江净山明地轴高。

下榻筵宾供啸咏，凝香罢寝助风骚。

史君八九吞云梦，小展风烟遗我曹。

万象亭

次韵赵表之久别相会于福唐见贻之什

十年海南州，世味尝欲遍。

昔为担板痴，今作绕指转。

谁能濯我缨，人欲唾其面。

故人千里来，高义动深眷。

问答不及已，惊我神发变。

功名眼中花，日月弦上箭。

公今已超然，富贵非所愿。

南游访知识，气习要百炼。

授我不死术，老骨尚可健。

是身走空雷，当作如是见。

薛弼和赵表之的聚会地，如今已开辟为"福建事变展厅"，回望 1933 年秋，十九路军将领蔡廷锴、蒋光鼐及第三党的李济深、陈铭枢等人，被迫从上海淞沪抗日前线撤退，进驻福建。他们在补山精舍召开秘密会议，筹备发动政变，联合海内外各党派发动反蒋抗日运动。展厅里的人物塑像、图片资料生动再现了当时的场景，让观者在重温历史的过程中，铭记国家危难关头爱国英雄们的壮举。

补山精舍下的这一方摩崖石刻，钩沉出一幅历史画卷，这一珍贵的历史文化遗产，静候着人们前来观摩与探索。

陈休斋曾来

吴远帆

乌石山名胜众多，风景优美，从古至今许多文人墨客出入其间，游览观赏、言诗属文，他们留下的印迹，以篆、隶、楷、行、草各种书体形式，留在了山上的石崖间。这些石间文字也成为乌石山山水美学中重要的一笔，后人称之为"摩崖石刻"。

在"天章台"篆字的左边，刻着一处有趣的隶书，全文为：

陈休斋曾来。淳熙丙申秋。

文人题刻，一般是将自己的作品镌刻石上，而这位陈休斋却只题写"陈休斋曾来"五字，类似于今天人们到景区涂鸦的"某某到此一游"一样。那么这位陈休斋究竟是谁？又为何会留下如此有趣的题刻呢？

陈休斋其实就是陈知柔，字体仁，休斋居士是他的号，永春（今福建）人，南宋理学家。绍兴十二年（1142）进士，曾任台州判官、福建安抚司参议官等。陈知柔与奸相秦桧之子秦熺系同榜进士，当时秦桧当权，位于中榜名单上的前十几位士子皆阿谀攀附秦氏，因而得到提拔，唯独陈知柔不愿随俗而受到排挤。陈知柔非常有个性，当福建安抚参议时，被秦桧解官，于是辞官隐居，自号休斋居士，并在门前贴了一副对联"山水怡情，耻与权奸为伍；淡泊明志，欣同寒士作朋"，以表明其看破红尘、无意功名利禄之意。

"陈休斋曾来"拓片

于山"陈休斋曾来"题刻

乌山"陈休斋曾来"题刻

　　致仕后他遍游名山大川，吟咏怡情，交游梁克家等人，与朱熹为忘年交。朱熹任同安主簿时，两度前来永春拜访陈知柔，昼则携游名胜，夜则对榻论文唱酬。陈知柔病逝后，朱熹亲写祭文，自云"熹少日游宦，获从公于泉、漳之间，蒙公诱掖良厚"，极表痛惜。陈知柔专心钻研学术，著书立说，著有《诗声谱》《休斋诗话》《易本旨》《易大传》等，皆行于世。

　　可以看出，陈休斋为人耿直，不阿谀权贵，且雅好山水，不为世俗所拘束，不愧为一代理学大家。他在福州任职时，政绩斐然，造福百姓，被列入乌石山高贤祠中祭祀。因其喜好山水，常到乌石山等名山游玩。淳熙三年（1176），即淳熙丙申中秋，陈休斋到乌石山游览，并题刻了"陈休斋曾来"五字，这一天他不仅在乌石山，在于山、鼓山也都留下了"陈休斋曾来"的题刻内容（《竹间十日话》卷三）。据书法专家对该题刻的赏析，陈休斋的这一段题刻，看似随意，其实是有些炫技的色彩，其中"曾"字的写法并不寻常，可能是陈休斋从某拓片上看到，于是运用到了这里。

吴迈等重阳登高

孙源智

福州乌山集人文与自然之美于一体，巨石奇榕与摩崖石刻相映成趣，位于石林景区的"兄弟同根榕"与"吴迈等题记"便是这样的一处景观。

两棵茂盛的榕树在清泠台上相邻而立，主根盘亘于一块巨石，根须交错，形成两树同根的奇观。在两树环抱的巨石上有一方摩崖石刻，记载着明朝初年吴迈等人在重阳登高之事，其存在的历史还在这两株古榕之上，距今已经过了六百多年的光景。

吴迈等题记摩崖石刻共 99 字，楷书，纵十行，西向。文为：

洪武甲子秋九月九日，福建都卫指挥使、昭勇将军武昌吴迈，同昭勇将军、福建都卫指挥使潇湘赵祥游南山乌石，坐清泠台。时天门揭晓，海宇澄秋，望阙怀忠，后天下乐，悠然之趣得焉，于是乎登。偕行福州府都，僧纲释善旭识，台西讲经论沙门德洽勒石。

吴迈等人登临清泠台之日，正是传统的重阳节。重阳登高的习俗在福州由来已久，淳熙《三山志》中就有"州人率以是日登高临赏"的记载。而福州人在重阳登乌山的故事，最早可以追溯到何氏九仙的传说。

相传早在汉代，何氏九仙在重阳日登高引弓，射落乌鸦于此。到了北宋，郡守程师孟曾于重阳日游乌山道山亭，流传为佳话。南宋以后，文人名士在重阳这天登临乌山的故事不绝于书，仅乌山上相关的摩崖石刻就有十余处之多。

01/ 吴迈等题记
02/ 赵圭等题名（住山释道启刻石）

乌山石步道风景

明洪武十七年（1384）的重阳节，吴迈、赵祥相约一同登上乌山，在清泠台留下题刻。

与乌山诸多重阳登高主题的题刻不同，此行的游人并非是"文章之士"，而是两位征战沙场的将军。明代开国之初，由于天下未定，武官地位一度居文官之上，在地方上更是如此。福州现存不少以武官领衔的明代初期摩崖石刻，也是这一历史现象的反映。

陪同吴迈、赵祥来游的还有两位僧人，分别是鼓山涌泉寺僧善旭与乌山神光寺僧德洽。德洽，又作玄峰上人，他在清泠台上建

有一座名为寒翠轩的小庵，可算是这里的主人。善旭与德洽均是活跃于明洪武年间的高僧，多半还是长袖善舞之士，常与官府打交道。早在洪武十二年（1379），两人就曾分别陪同鼓山涌泉寺住持宗枝、乌山神光寺住持道启，接待到访的福建布政使陈铭等一行人，并在鼓山的灵源洞与乌山的清泠台留下题记。

善旭在题刻上所署的头衔是福州府都僧纲，这是当时福州地位最高的僧官职位。僧官制度在中国历史悠久，始见于晋代，此后各朝沿袭，代有变革。洪武十五年（1382），朝廷在中央设置僧录司，在地方各府、州、县分别设僧纲司、僧正司、僧会司，协理各地官府管理佛教事务。各级僧官"俱选精通经典，戒行端洁者为之"，有官而无俸，更多还是荣誉上的象征。福州府僧纲司最初设在石井巷，后迁至福州开元寺内。僧纲司的主官称为都僧纲，善旭很可能是第一任福州府都僧纲，可以想见他在明初福州佛教界的声望。

德洽的署衔为台西讲经论沙门。讲经论沙门在佛教中是常见的荣称，顾名思义即能讲经说法的僧人。德洽久在乌山修行，与前来寻幽访胜的名士交往颇多，蓝光、林鸿、罗泰、王恭、王阜等人均与之游，且不乏推许之语。

明初布衣学者王阜与德洽的交往尤深，互为知交，赞其："玄峰上人抱高节，见性明心坐超忽。"

诗人王恭对德洽在戒行、讲经、觉义各方面都予以极高评价，夸其："洽师禅门秀，戒腊同古松。说法超上乘，苦心归妙宗。"

明初闽派诗坛领袖林鸿甚至还在诗中表达了皈依之愿："真僧此岩栖，观空净襟灵。竹坞见曝衣，花台闻演经。沃以甘露言，迷途觉而醒。愿言割慈爱，永也投禅扃。"

六百年前，武昌人吴迈、潇湘人赵祥、鼓山僧善旭、乌山僧德洽，这二僧二俗共坐在清泠台上，将军与禅师一同凭高眺远。题记中还记录了他们当时的心情："时天门揭晓，海宇澄秋，望阙怀忠，后天下乐，悠然之趣得焉。"时值天下初定，民力衰弱，各地仍有零星战事，朝局也是险象环生。然而无论官民还是僧俗，在结束了连年战乱的局面后，他们心中都难掩对新朝的期待和对和平的向往。如今，不时有市民在摩崖前的石桌椅娱乐消遣，来此观摩该石刻的游人更应能真切体会到前人"后天下乐"的"悠然之趣"了。

郭持平等冒雨登山

潘登

狮子岩西向，有方摩崖石刻。文曰：

嘉靖七年十二月二十七日，福建按察副使万安郭持平、开化方

豪、萧山知县闽郭波冒雨来登，由九仙观而下，意兴甚适。

郭持平（1483—1556），字守衡，号浅斋，江西吉安府万安县城北门人，明正德十二年（1517）进士，登山时为福建按察副使。郭持平系王阳明在江西的亲传弟子，其思想和政治主张追随自己的恩师。从邹守益《明故南京刑部右侍郎浅斋郭公墓志铭》中"公生有异质，七岁知向学"句，可以看出他年少即有天赋。王阳明先生在江西讲学，他闻其学后大为振奋，后来还追随王阳明平定"宸濠之乱"。

嘉靖八年（1529），时任福建提学副使郭持平提议，改净真观为"一峰先生祠"，又名"一峰书院"，"择士之有志者居之"，延聘乡绅进士先后掌教书院，名噪一时，声名鹊起。翌年正月，福建侯官死囚劫狱杀害县官，并袭击了巡按的府邸。布政使、参议以及都指挥等官员都遭到杀害，其他官员翻墙逃生。郭持平与同僚听说这件事，立即舍弃轿子进入府邸，寻找纸张写榜文，向城中百姓说明情况，并发布"悬赏令"擒拿贼人。但是贼人很快攻破福州等地的牢狱，还企图夺取武库。在"悬赏令"的鼓励下，贼人最终战败逃跑。郭持平推测贼人逃走的方向必然是海上，于是亲自带领精锐部队前往罗源、连江追捕。他在连江琯头准备了两艘大船，合力撞击贼船，生擒五十多人，没有一个逃脱。这在《明故南京刑部右侍郎浅

斋郭公墓志铭》中也有记载。

明嘉靖十四年（1535），"乙未年郭持平复除福建，士民权呼以迎"。百姓听说郭持平升任福建按察使，欢呼雀跃，夹道欢迎，可见其政通人和。其在任福建期间，维护了良好的社会秩序，追求法治的公平公正。嘉靖十六年（1537）五月，郭持平升山西右布政使，转河南左布政使，嘉靖十八年（1539）七月升都察院右副都御史、总理河道，嘉靖二十一年（1542）六月升工部右侍郎，仍管理河道，十二月改任南京刑部右侍郎，嘉靖二十四年（1545）五月考察致仕。嘉靖三十五年（1556）八月卒，赐祭葬。

郭持平，这位王阳明在江西的亲传弟子，从他一生的宦迹来看，一直遵循其恩

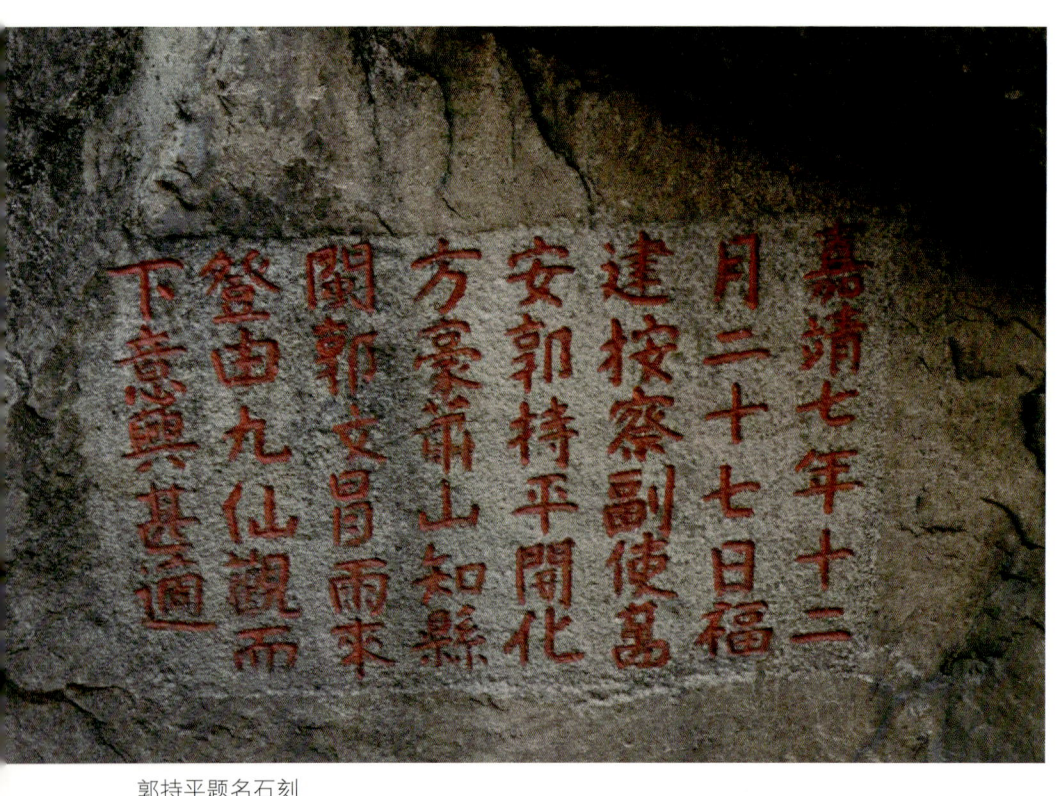

郭持平题名石刻

师的思想主张，建社学、聚弟子、治水患、擒流寇、断悬案、济苍生，有"老成耿介，风清弊绝"的赞誉。

同游于山的方豪（1482—1530），字思道，号棠陵，浙江衢州府开化县人。他与杨一清、郑善夫、何景明等友善，也崇尚"阳明学"。其生平著作甚多，有《棠陵集》《断碑集》《昆山集》《养余录》《见树窗稿》《洞庭烟雨编》《蓉溪书屋集》等10余种，但多散佚。

题名石刻中的郭波（1494—？），字澄卿，号方岩，闽县人，明朝政治人物，正德十二年（1517）进士。据万历《福州府志·选举志》福建举人郭辚名下注：郭波"字节甫，崇之玄孙，新化知县，有气概，为王阳明所知。"郭波与林

狮子岩

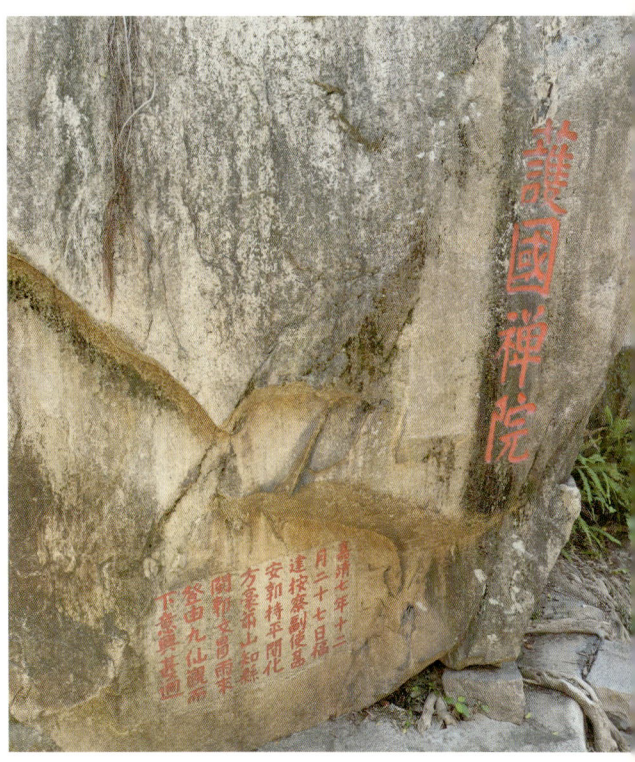

郭持平题名石刻

于山航拍图（吴丽娜　摄）

俊、林文缵、郑善夫等俱有来往，这些都是熟谙"阳明心学"的文人学士，因此郭波亦受王学影响颇深。

嘉靖七年（1528）十一月二十九日，王阳明病逝于江西南安府大庚县青龙港。当年十二月二十七日，三位与王阳明息息相关的明朝政治人物，即郭持平、方豪、郭波，冒雨同登于山。究竟是为了论学，还是为了祭奠先师，如今虽已不得而知，然而面对这方摩崖石刻，不能不让后人心生遐想。

他们站在于山上，追思心中的阳明先师，涌起一股难以言表的豪情。他们沿着山路而下，在雨中行走，雨水顺着岩壁滴落，打在石板上，发出清脆的声响，洗涤他们心中尘虑。如今，我们重走古人之路，想象当年志趣相投的三位文人，时而驻足谈论，时而登高远眺，似乎各自在雨中找到了心灵的慰藉。

"醉石"里的刀光剑影

江 榕

明嘉靖年间，民族英雄戚继光在福建平息了骚扰沿海多年的倭患，班师回浙江时，福州官绅在于山为其设宴接风。相传戚继光宴饮后行经一块如床如榻的巨石，遂在其上醉卧鼾眠。后人把此石称为"醉石"。

清郭柏苍《竹间十日话》记载，清朝将领李率泰在该石上书"醉石"两字，原刻在蓬莱阁前，后毁。1978年，福州市文物管理委员会以照片字迹请著名书法家沈觐寿摹书。

"醉石"摩崖石刻

如今，于山蓬莱阁院前崖石上题刻的"醉石"，字迹刚健有力，在斑驳的光影里熠熠生辉。人们怀念和敬仰戚继光，遂在于山为其设祠立碑。

戚继光（1528—1588），字元敬、文明、汝谦，号南塘，晚号孟诸，卒谥武毅，登州（即山东蓬莱）人。一生戎马的他不仅是杰出的军事家，也是著名的爱国诗人和书法家。

现代作家郁达夫在福州工作时期，曾多次来于山祭拜戚继光。其时内忧外患，时局动荡，他有感而发，写下《满江红》。

满江红

三百年来，我华夏威风久歇。有几个，如公成就，丰功伟烈。

拔剑光寒倭寇胆，拔云手指天心月。至于今，遗饼纪征东，民怀切。

会稽耻，终当雪。楚三户，教秦灭。愿英灵永保，金瓯无缺。

台畔班师酣醉石，亭边思子悲啼血。向长空洒泪酹千杯，蓬莱阙。

郁达夫《满江红》词刻（沈觐寿 书）

沈觐寿留影于山

于山蓬莱阁今景

　　现为郁达夫生平展厅的蓬莱阁，前身是木构双层八角亭，因戚继光籍贯是山东蓬莱而得名。蓬莱阁后院可见山下鳞次栉比的屋宇，马鞍墙的飞檐如烈马驰骋。"一年三百六十日，多是横戈马上行。"戚继光在战场上出生入死，从未有过败战，是人们心中的"战神"。

　　饱读诗书、能文能武的戚继光，17岁就开始步入军事生涯，担任明朝登州卫指挥佥事。19岁研读兵书时，他写下"封侯非我意，但愿海波平"的豪迈诗句。

　　嘉靖三十四年（1555），戚继光调任浙江都司佥书，自此开启在东南沿海的抗倭战斗史。为了能击败倭寇，戚继光在民风彪悍的义乌精心招募三千多人，组建成军。经过他的严格训练，这支军队纪律严明、战斗力极强，人称"戚家军"。"戚家军"总是能以最少的牺牲赢得战役，令倭寇闻风丧胆，创造出"战无不胜"的神话。这不仅因为戚继光训兵有素，还得益于他对兵器和战法的研究，发明狼筅并创立鸳鸯阵等。他在《练兵实纪》中记载："狼筅乃用大毛竹，上截连四旁附枝，节节丫杈，视之粗可二尺，长一丈五六尺。人用手势遮蔽全身，刀枪丛刺必不能入，故人胆自大，用为前列，乃南方杀倭利器。"他在《纪效新书》中详细介绍了鸳鸯阵的阵形以及战场运用情况。"鸳鸯阵"不但使矛与盾、长短兵器紧密结合，充分发挥各种兵器的效能，而且阵形灵活。戚继光写的这两部兵书被后世奉为练兵治军的宝典。

戚公祠内展陈的兵器里，有一把戚继光用过的宝剑。遥想利剑出鞘，凛冽的寒光闪过，依稀看见他在沙场浴血奋战、保家卫国。展台里的光饼是戚继光在行军途中发明的干粮，闽人为纪念他而取的食品名。他是地方的守护神，是百姓的定心丸；他的威名传遍四方，这一方"醉石"也受到后人瞻仰。

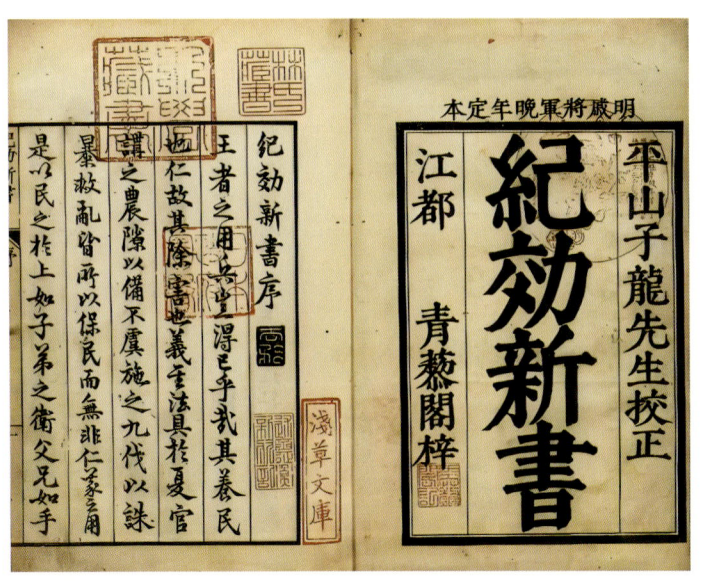

戚继光《纪效新书》书影

唐陈将军岩建牙处

林　强

　　站在仁寿堂前的越壑桥上，映入眼帘的就是"所存惟山骨"的泉山。泉山的脚下原是唐代的马球场旧址。据史料记载，唐元和八年（813），福州刺史裴次元在此辟球场，"场北有山，维石岩岩，峰峦巉峭耸其左，林壑幽邃在其右。是用启涤高深，必尽其趣。"可惜"经累代营造、开凿"，如今的泉山，早没了当年"积高依郡城，迥拔凌霄汉"的雄姿，除了"卑小"外，剩下的便只有"转石而峰峦出"的幽趣。

　　这幽趣，便体现在一山多名、随地异称上。从九曲池旁的"登山路"到达山巅，因旧有天泉池，故名"泉山"，北侧是汉代的"冶铸之地"，故名"欧冶池山"，迤西南，有城隍庙所在的"城隍山"、传为无诸冢的"王墓山"，折而南，一径之阜，高处称"望京山"，略低处名"将军山"，到了山脚的球场，还有一处几近平坦的"樽山"。

　　将军山的"将军"，所指何人，众说纷纭。《名胜志》载："泉山，其东南麓，旧为左衙、宣毅、广节诸营，故又以'将军'名其阜。"《荔枝草堂集》则说："将军山，以山旁庙祀陈观察为协惠将军，故名。"我倾向于后者，因为，答案就隐在泉山七曲处的一方"唐陈将军岩建牙处"石刻上。

　　陈观察、协惠将军、唐陈将军岩，指的都是同一个人，这个人的名字叫陈岩。

　　陈岩（848—892），字梦臣，黄连镇（今建宁县）人，其先祖陈霸先平侯景之乱，封始兴郡王，传数世，为避永嘉之乱入闽，居建宁，世代业儒，曾祖陈宏官至府司马，祖父陈好古"不干利禄"，雅好"搜抉胜异，蔚成篇章"，父亲陈简也是"漱流枕石"，悠游林泉，传到他，却以先祖陈霸先为荣，自幼好舞枪弄棒，不屑与同龄儿玩耍。

唐末，僭乱纷起。乾符五年（878），黄巢自号"冲天大将军"，转战浙西，八月，"突由江右入闽"。闽军措手不及，节节败退，一时间，闽地诸州风声鹤唳，烽烟四起，邵武镇将邓光布、上官泹等相继战死，建州刺史李彦圣城破被杀，沙县因顽抗惨遭屠戮，黄巢的凶名大振，可吓止儿啼。消息传到建宁，艺高人胆大的陈岩"鸠丁壮"数千，"置弓刀鼓板"，号"九龙军"，安抚乡里，屡退乱军。朝廷以陈岩守土有功，于黄连镇设"义宁军"，封陈岩为镇将，"置鼓角，赐牌印"，希望他再接再厉，"翦除余寇"。乾符六年（879）春，黄巢军攻福州，福建观察使韦岫"败而逃"，将福州拱手相让，州城被"焚荡殆尽"。新任观察使郑镒对陈岩"夙慕英风，累咨赞画"，遂奏请朝廷升其为都团练副使兼判清源军，伺机收复福州。一个月后，志不在闽的黄巢拔队南行，转道广州，陈岩兵不血刃进入福州。中和四年（884），泉州左厢都虞侯李连叛，攻打福州，为陈岩所败，时郑镒庸弱无能，陈岩遂迫其离职，对外称郑镒"三发疏章，告疾北归"，并"表岩自代"。

中和四年（884）十二月，朝廷依郑镒所"请"，任命陈岩为福建观察使。与此同时，民间也传出了与他有关的谶语，使他的上位仿佛天授。据说，晋太康年间开挖子城时，在城南的河道里曾挖出一块巨石，上写"五百年，城移东南。本地合出连帅"，连帅即"廉帅"，是唐代对观察使的别称，有人说此谶应于郑镒，住在黄巷的大儒黄璞则认为："陈岩，闽人，为廉帅之应。"民国时，泉山堂有副楹联，下联是"萃乌于屏，襟山带河灵气，有陈连帅，五百年应运而生"，"乌于屏"指的是福州三山，"陈连帅五百年"说的便是此谶。

01/ 冶山观海亭遗址
02/ 冶山越壑桥
03/ 唐陈将军岩建牙处题刻

于是，应运而生的陈岩如愿以偿，成了福建观察使衙门的新主人。据《三山志》记载，福建观察使衙门即子城的晋安郡衙门，之后"为刺史，加都督，进节钺，改廉帅，皆号会府。自陈至唐三百余年间，创立营筑，往往易庳陋为高广，更坏复葺，亡所纪载"，具体位置就在今天的泉山。因陈岩以武将出镇福建，故称此地为"建牙处"。民国二十年（1931），陈培锟为《泉山沿革纪略》写诗，曰："地诧建牙鸣鼓角，事成过眼录云烟。"

陈岩虽以兵变上位，却非蛮夫，他上任后，"威以肃众，宽以抚民"，不但修复了子城残破的城垣，还重建了战争中被焚毁的学校、公府。他在任八年，举贤任能，安民水火，连黄巢也为之"灭炬"的黄璞，也在《陈府君（岩）墓志铭》中赞他"卖刀佩犊，再扬龚遂之风；左诵右弦，大阐文翁之化"，朝廷以其政绩可观，先后加授他为工部尚书、兵部尚书、右仆射、左仆射、司空和检校司徒兼御史大夫等衔。

光启二年（886），从河南入闽的王潮、王审知攻下泉州，陈岩见王氏据泉已成事实，于是表请王潮为泉州刺史。大顺二年（891），陈岩病重，派遣使者召见王潮，欲授之以军政大权。可惜，王潮未至，陈岩于景福元年（892）正月廿九日逝世，年44岁。其妻钱塘范氏，"出自令门，妇于华族"，陈岩称其为"贤内助"，她有个弟弟叫范晖，任护闽都将，因不满陈岩传位外人，乃自称留后，拒迎王潮。

王潮有陈岩遗命，师出有名，便派从弟王彦复、胞弟王审知率军攻打福州。景福二年（893），福州城中食尽，范晖被擒斩，王潮大获全胜，入主福州。因感念陈岩知遇之恩，王潮"素服临葬"，亲自主持陈岩葬礼。墓在闽县敦业乡太平里（今福州北门外），圹内按王侯之制，其宏丽可知。时民间流传着"潮水来，岩头没"的谣言。果然，王潮来了，陈岩死了，谣言成了谶言。

若干年后，闽人因陈岩"戡难之大略，镇俗之宏功"，封其为"协惠将军"，并在泉山建将军庙以祀，春秋两祭，久而不替。又因陈岩卒于拗九，里人还于"拗

九节"举行社祭，历久不渝。民国时，福建省高等法院院长刘通为供奉陈岩的义宁亭题联，联中有"拗九馨香近未湮"之句，引用的就是这个典故。

民国二十年（1931），闽侯县古迹古物保存会重建泉山胜迹，由福建省教育厅厅长程时煃勒"唐陈将军岩建牙处"八字于七曲，并在题刻附近建"义宁亭"，供奉陈岩将军遗像，亭额为海军上将杨树庄所书，亭侧除了刘通的楹联外，还有福建省代省长郑宝菁的对联：

　　　　九龙壁垒余陈迹；
　　　　五虎屏藩壮大观。

于山无名氏石刻背后的故事

潘　登

于山戚公祠前不远处立着一块福州市文物保护单位的石碑，碑后"醉石"上有一方摩崖石刻，文曰：

> 四省沦亡，空前耻辱。嗟我国人，何时湔雪。

石刻不知具体出于何人，相传是抗日战争时期，以陈衍为首的十多位忧国抗日之士在戚公祠祭祀时书刻的。

陈衍（1856—1937），字叔伊，号石遗老人，福建侯官（今福州）人，近代著名文学家，以精深的学术造诣在清末民初文坛上享有盛誉，著有大量诗文、经史作品。

陈衍为人光明磊落、淡泊名利，留下许多爱国事迹。他生活在风雨飘摇的时代，遂以笔为矛，投入抗日。

甲午中日战争后，清政府派李鸿章赴日求和，于1895年4月17日签署《马关条约》，给中华民族带来严重的民族危机。此时，陈衍恰在北京参加会试，他起草呈文并与林纾等人联名上书都察院，反对割让辽东半岛、台湾等领土。

1897年夏，陈季同、陈寿彭与林旭等人商议在上海创办《求是报》。林旭说："办报必须文笔惊人，始能鼓动人心……非请陈衍加入不可"。于是，陈衍被大家公推为《求是报》主笔。在他主事期间，《求是报》发表内容包括社论、新闻、中外法规、译文、小说等，用以针砭时弊。陈衍撰写的文章深受各界欢迎。湖广总督张之洞致电邀请他到武昌，任其为《官报》局总编纂。

戚公祠外

于山戚公祠文保碑与"无名氏"摩崖石刻

1898 年春，维新变法呼声正高，陈衍再次来到京城会试，作《戊戌变法榷议》十条，提出自己的变法主张。1911 年辛亥革命爆发，他认为社会进步是顺应历史的，清朝气数已尽。1912 年初，福州人士开会欢迎孙中山的到来，陈衍热情撰联曰："舍天下而不与；微斯人其谁归？"

1915 年 8 月，袁世凯大肆鼓吹帝制，筹备登基，并成立筹安会，打着"学术团体"的招牌，为复辟帝制营造舆论氛围。筹安会联系了清朝贵胄、商贾富户和硕学通儒这三类首要人物。陈衍得知自己的名字被列在硕学通儒的首位，立刻致电给时任筹安会秘书长的施愚，要求删除他的名字。施愚说："你不要后悔，别人正求之不得呢。"陈衍说："决不后悔！"筹安会不得不把他的名字删去。

郑孝胥曾是陈衍最亲密的文友，二人也是同光体诗派的倡导者。1931 年"九一八"事变爆发，郑孝胥出任伪满洲国国务总理兼文教部长。陈衍得知后十分愤慨，与之绝交，并通知商务印书馆将《近代诗钞》中的郑诗全部删除。老友陈宝琛作为末代帝师，受溥仪敬重，溥仪曾邀请他赴任伪满洲国

陈衍墨迹

官职。在陈衍的一再劝说下，陈宝琛向溥仪进谏了《十不可》，拒绝溥仪的邀请。1932 年农历四月初八，这一天是陈衍 77 岁寿辰，他决定不做寿、不设宴，将亲友馈赠的筵席费，用于慰劳抗日的十九路军和赈济闽东遭水灾的灾民，他以文人的气节诠释了爱国心。

1932 年，日本又发动"一·二八"事变，侵占了东北三省和内蒙古部分地区。陈衍与文人诗友、弟子董藻翔、石屏藩、马天翮、施景琛、吴孝恢、黄承潮、沈觐冕、王怀晋、王聘、林道子、欧阳英、郑元鼎等十余人，到福州于山戚公祠拜谒，以表抗日决心。"四省沦亡，空前耻辱。嗟我国人，何时湔雪"，一行人刻石明志，表达了国人誓死收复失地的决心。20 世纪 30 年代，于山一带，特别是戚公祠附近，成了文人志士慷慨陈情之地。先有诗人施景琛模仿陆游《示儿》诗，于 1932 年 2 月题下："若使中原能底定，毋忘社祭告先贤。"后有 1933 年 11 月，十九路军爱国将领丘国珍在陈衍等人题刻旁又写下"国魂"两大字。这些题刻合为一体，彰显民众以戚继光为榜样，抗日救国的决心。

如今，当我们面对这一方题刻，虽无留名，却字字彰显着一位古稀老者和一群仁人志士的铮铮铁骨和拳拳爱国心。

林鸿辉题冶山胜境

林 强

由能补天的泗洲亭北行，过陈岩将军祠，就到了冶山的西麓。这一带旧时是广积营的地盘，与城隍崎一墙之隔，崎下有雷坛寺，寺前一口天泉池。几株紫玉兰，从桃红柳绿中探出头来，倒映在池面，风吹过，晕染了一池秋水，冶山也因了这口池，有了"泉山"的雅号。寺外的墙上嵌着清嘉庆初福州郡守何茹连所书的"冶山古迹"四字，字大如斗，雄浑苍劲。林鸿辉就站在字下，望着不远处的冶山。

林鸿辉是永定人，生于清光绪十二年（1886），高小毕业后到福州读书，后留学日本早稻田大学，回国后先到京兆财政厅任秘书，后历任永定县县长、福建省政府禁烟委员会委员等职。在福州期间，他走了不少名山，有岩壑俱飞的鼓山，也有月朗风清的于山，总感觉雄峻有余，幽雅不足。他站在"冶山古迹"四字前，看着陈衍、施景琛等"福州说诗社"社员于民国十九年至民国二十一年（1930—1932）间陆续辟成的冶山胜景，脑海里不由浮现出唐元和八年（813）福建观察推官冯审笔下"转石而峰峦出，浚坳而池塘见"的画面，身处其间，令林鸿辉不禁生出清通灵秀的感觉，遂静下心来，细细端详起眼前的这座山。

冶山最早名叫"欧冶池山"，因山南的欧冶池而得名。欧冶池又称剑池，宋《三山志》记载："相传越王无诸淬剑处。"到唐代时，冶山又被称作"泉山"。开元十九年（731），山东人萱元惠任福州都督，因福州"山洞僻远，江海广深"，在冶山东侧设"泉山府兵"，其"左衙营在州东百步，今东球场也"。东球场原在州西北隅，唐元和八年（813），福建观察使裴次元将其移至冶山之南，"即山为亭"，辟望京山、观海亭、天泉池、玩琴台等二十九景，其下属冯审作《球场山亭记》刻于亭壁，中有"为潭、为洞、为岛、为沼，窈窕深邃，安可殚极"等文字，尽述冶山之趣。

裴次元"辟球场，即山为亭"时，冶山之东尚有大片茶园，一日炎午，他"报政之暇"，于山民处得饮此茶，顿觉暑热尽消，遂挥毫写下《芳茗原》一诗："簇茂满东原，敷荣看膴膴。采撷得菁英，芬馨涤烦暑。何用访蒙山，岂劳游顾渚。"将冶山之茶的"芳馨"，比之陆羽笔下的剑南蒙山"蒙顶茶"与湖州顾渚"紫笋茶"。

五代时，冶山还有一个别称，叫"将军山"，此将军乃唐末率"九龙军"抵抗黄巢义军的建宁人陈岩。民国二十年（1931），施景琛在冶山建义宁亭，供陈岩雕像，时任福建省教育厅厅长的程时煃为之题"唐陈将军岩建牙处"。

"冶山古迹"石刻

"冶山胜境"题刻

到了宋熙宁元年（1068），光禄卿程师孟到福州任郡守，在疏浚护城河时，他看到河水通往子城东北隅的一口水塘，周围平阔清泚，灌木阴翳，问了当地人，才知道这口水塘就是"其迹最古"的欧冶池，他见"池之南陇阜盘迂，乔林古木，沧洲野色，郁然城堞之下"，于是在池上建欧冶亭，并"浮以画舫"，供人燕游，一时间，"州人士女，朝夕不绝"，欧冶池成了州城中家喻户晓的旅游胜地，还一度引来了龙王，据《三山志》记载，绍兴四年（1134），"有龙昼见池中"，官府为之建"龙王祠"。乾道元年（1165），福州知州兼福建路安抚使王之望在祠中"祷雨获应"，龙王声名更盛，皇上赐"利泽庙"匾，后改奉"五龙顺化王"，建五龙堂、三皇庙。元泰定五年（1328），闽海道廉访司为了保护古迹，在池旁立"三皇庙、五龙堂、欧冶池官地"碑，迄今犹存。

明成化七年（1471），贡院从城南迁至冶山脚下，原来大门设在丽文坊，非常局促，正德十一年（1516），巡按御史胡文静主持征迁，拆房拓路，圈占池地，将贡院拓成"东西各八丈，南倍之，更为正门南出"规模。当时考棚因陋就简，搭的是木板房，到了万历四年（1576），因接待使节疏忽，贡院"不戒于火"，只好重建。重建后的贡院，沿途建了三座牌坊，依次是"通衢""云路""龙门"，每逢三年一次的秋闱，考生们就站在"龙门"处按县排队，依次搜检入场，考上了，称作"鱼跃龙门"，考砸了，就叫"龙门点额"。清咸丰九年（1859），到福建参加乡试并中举的林豪有一首诗写到了考生在龙门处等待时的场景："遥应一声有，昂头人海中。龙门开轶荡，鱼贯列西东。"

清末时，长乐大宏里的施景琛也在这里中举，但他没有通过仕途走向历史舞台，而是在贡院里买了房子，转而投身公益事业。他创办了泉山学校、华闽日报社，又组织了泉山俱乐部，后应北洋政府之邀，赴北京任国务院秘书、参议。南北统一后，他回到福州，与老师陈衍一起致力于推动冶山名胜古迹的修复。

林鸿辉站在"冶山古迹"前看到的景致，就是冶山修复后的模样：涟漪亭、海榴亭、义宁亭、观海亭、流觞亭、八角亭，高低错落；桃李坞、红蕉坪、枇杷川、萩芦冈、松筠陌、芳茗原，移步异景。

沿着环山分布的九曲登山路，林鸿辉从一曲走到九曲。一曲在冶山南坡，天泉池波光粼粼；往东绕数十米，为二曲，独秀峰秀拔奇伟；转而向北，有聚寿峰，为三曲、四曲、五曲；绕到东坡，有九曲池、流觞亭，为六曲；由此西行，经观海亭、望京山，即临七曲；再转个弯，折而向东，至天后宫与将军庙界，为八曲、九曲。每一曲皆有石刻，每一方石刻背后皆有故事。

陈衍诗云："球场筑后禊堂开，多少游人载酒来。文物兴闽留胜迹，江山霸越几人才"。这一首诗想必很多人都读过，林鸿辉亦未例外。那一天，他站在八曲处，兴致盎然，题下"冶山胜境"四字。

冶山遇怀晋

缪淑秀

我在福州的第一个家位于冶山边上，然而那时的冶山却隐藏于钢筋水泥丛林中，常有一种寻隐者不遇的困惑。

直到 2018 年的春节，当我与娃过完春节从老家回来，夜幕中经过冶山路，居然见到一块巨型石刻"冶山春秋园"，瞬间激动不已，我知道从此再也不用那么辛苦地去寻找冶山了。

冶山位于越王山南麓，自严高开郡以后，李椅、常衮、王审知、蔡襄、张伯玉、程师孟、曾巩、黄裳、叶梦得、梁克家、赵汝愚、郑侨、辛弃疾、真德秀等名贤开府建衙于冶山，使之成为闽中首善之区。几乎所有入闽的王公钜卿皆下榻于此。可见，冶山自古为政、军、文、教施治敷化之所，又为风景名胜之地。如今，山上依然存留许多民国达官显贵、文人墨客的墨宝、诗词，形成了极具特色的"泉山摩崖石刻"。

冶山遗迹林荫蔽日，石阶曲折，寻"泉山摩崖石刻"，总能遇见一位叫王怀晋的文化名人，其在冶山留下的笔墨有多处。

王怀晋何许人也？据相关资料，王怀晋 (1891—1945)，字楚英，福建福清人，早年毕业于福建省公立学院法政法律科，参加过北伐战争，曾任广东讨贼军司令部秘书、参议、参谋长，广东省韶州地方审判厅厅长兼刑庭庭长，福建省控诉法院院长，福建省特种刑事法庭庭长，军法会审处处长，山东高等法院第六分院院长兼临沂地方法院院长，以及福建省党务指导委员、宣传部部长、参议会参议员等职。

20 世纪 20 年代初期，针对陈炯明叛乱、军阀混战、各地方官吏等问题，王怀晋三次向孙中山、胡汉民和大理院上书，指陈时弊，提出建立正式政府，整饬吏治，健全法治等建议。1945 年，王怀晋因突发脑溢血而病逝于家乡。

未老居然署老人，千秋事业属吾身。闲随杖履征文献，邹鲁遗风振海滨。施景琛题，王怀晋书。

这方石刻位于冶山六曲右侧，和陈衍题书的"观海亭"石刻并排，朝向南，楷书纵 5 行。

施景琛（1873—1955），字涵宇，号泉山老人，祖籍长乐，后迁居福州城内泉山之麓贡院里（今中山路），是陈衍的学生，一生致力于保护文物、兴办教育、诗词创作。据相关资料记载，冶山摩崖石刻保护得如此完好与施景琛有着密不可分的关系。民国时期，冶山荒草丛生、满目荆棘，施景琛协助陈衍主持整治冶山，修复名胜古迹，并以其大哥绩宇六十寿诞为契机，邀集多位名人，聚会冶山，题名刻石。

冶山施景琛诗刻

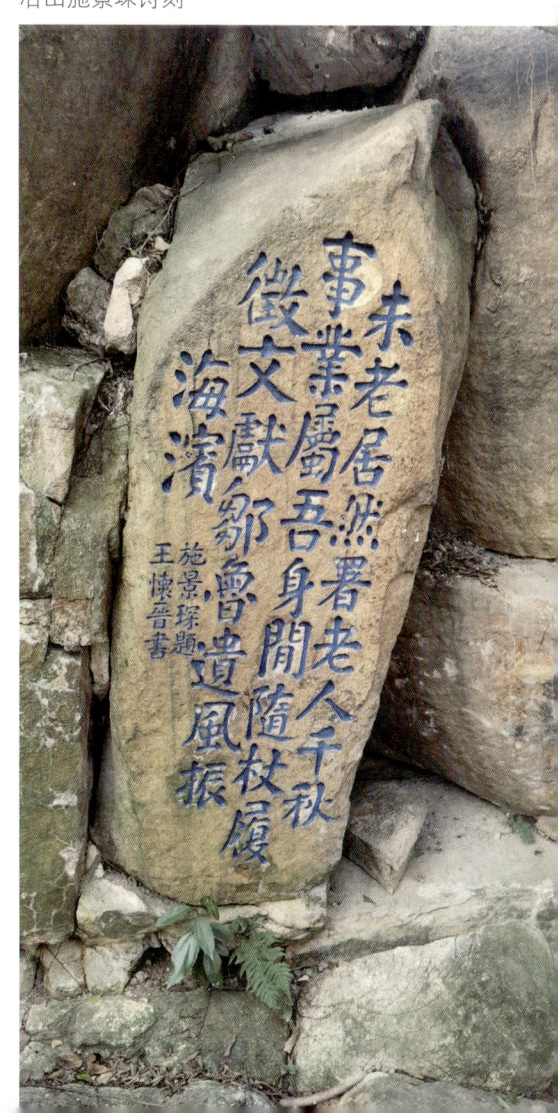

　　王怀晋比施景琛小 18 岁，两人先后担任福建省参议会参议员，又是名胜古迹保护的坚定支持者，且写得一手好字，也就成为施景琛邀请来题刻的重要嘉宾。

　　民国丙子年（1936），施景琛重修通往冶山最高峰的登山路。王怀晋则在"六曲"右侧向东留下了"登山路"榜书，落款"怀晋"。

　　落款"怀晋"的"九曲池"榜书位于流杯渠上方，面朝东南，楷书，纵二行。

　　落款"晋书"的"独秀峰"位于冶山南部，二曲右上方，朝向南，楷书，纵二行。"晋书"即为王怀晋书。

"登山路"题刻

"王壇岗"题刻

位于冶山西部的"王壇（简写为'坛'）岗"也是王怀晋所书，朝向西，楷书，纵4行。王坛，疑为福州名果黄皮果，又叫黄坛子、黄弹、黄淡、黄皮。三国时期吴国丹阳太守沈莹《临海水土异物志》曰："王坛子，如枣大，其味甘。晋安侯官越王祭坛边有此果，无知其名，因见生处，遂名王坛。其形小于龙眼，有似木瓜。七月熟，甘美也。"王坛，即福州方言中的"黄弹"，就是黄皮果。

据统计，迄今所发现的冶山摩崖石刻中，王怀晋榜书数量仅次于施景琛、陈衍。移步换景，皆可遇见王怀晋榜书。冶山在千年的沧桑巨变中铭记了一座城池的历史与文脉，也让我们得以在咫尺之间，一览千年。

"国魂"永流传

朱 侗

"山不在高，有仙则名；水不在深，有龙则灵。"福州于山，最高处海拔仅58.6米，却因诸多名胜古迹，尤其是一百多处摩崖石刻而声名远扬。

于山戚公祠前平远台，有一方摩崖石刻——国魂。楷书，落款丘国珍，刻于抗日战争时期。细看之下，该石刻笔力遒劲，深显保卫山河、抗战必胜之决心。

丘国珍，字聘之，广东海丰人，生于1894年，在家排行老二。其家虽为农户，但父亲年轻时除种地外，兼营货郎担，东跑西卖，见多各色人等，明白读书的重要性，于是十分重视孩子们的学习。在家人的大力支持下，国珍一路求学苦读，高中以优异成绩就读于海丰县立第一高等学校，后毕业于援闽粤军军官学校，曾任十九路军七十八师一五六旅参谋主任。

1931年9月，日本帝国主义发动"九一八"事变，中国共产党呼吁全国同胞团结一致，共同抗日。次年1月28日晚，日本侵略军突然进攻上海闸北，丘国珍等十九路军军人猛烈还击，眼见正重创日军时，十九路军收到蒋介石命令：全线撤退，入闽"剿共"。1932年夏，丘国珍随军入闽，任福建绥靖公署参谋，福建团务处少将主任兼干部训练所所长。在福建，第十九路军与红军的多次交战失利，将领蔡廷锴、蒋光鼐逐渐认识到，继续进行内战没有出路，决心联合国民党内反蒋势力，共同走抗日反蒋的道路。1933年11月21日，"福建事变"爆发，丘国珍与十九路军各将领共同抗日反蒋。

民國二十一年五月九
日陳衍董華鋇石屏藩
馬天晠施旮琛吳孝悅
黃承潮沈韶冤王悅晉
王聘林道于歐陽英鄭
元鼎同集柗此王琬書

"国魂"题刻

"福建事变厅"展览馆（位于于山）

　　"福建事变"并未达到十九路军所期许的目标，蒋介石军队很快攻陷福州，行动失败。这次尝试令丘国珍深刻认识到在民族危亡之际，应一致抗日。或许是愤慨使然，他登上于山，在戚公祠前平远台边刻下大大的"国魂"二字。透过"国魂"，人们似乎看到那位立志守护家国、视死如归的热血男儿；看到虽为"福建事变"失败叹息，但仍相信抗日终会走向胜利的践行者。

　　丘国珍在福建任职仅一年半，后任广西抗日救国军第一师参谋长，安徽保安处长，安徽党政军总办公厅主任，第十战区中将主任。丘国珍退役后于1979年在香港病逝，著有《军民联合游击战术》《十九路军兴亡史》等书。"国魂"二字，真切铭记他在福州留下的"足迹"，被人们瞻仰、观赏。

　　其实，于山关于抗战的摩崖石刻还有许多：醉石亭的"誓雪国耻"，为浙江爱国志士童杭时在1936年发出的抗日誓言，十分醒目；戚公祠厅不远处立的石牌上"四省沦亡，空前耻辱。嗟我国人，何时湔雪"，也是抗日战争时期所刻；文学家郁达夫《满江红》，是拜谒戚公祠后所写，表达出对日本侵略者的仇恨和对当局的不满……

"誓雪国耻"题刻

　　纵观这些摩崖石刻，无不体现着中国人民的拳拳爱国心，儿时在书本上所学的陆游"王师北定中原日，家祭无忘告乃翁"、李清照"生当作人杰，死亦为鬼雄"、文天祥"人生自古谁无死，留取丹心照汗青"、毛泽东"金沙水拍云崖暖，大渡桥横铁索寒"等诗句，不由得浮于脑际。不论何时，家国动荡之际，总有无数的仁人志士抛头颅、洒热血，以期山河无恙。

　　腥风血雨的年代早已远去，如今闲暇之余登于山，看到这些摩崖石刻时，心中总会涌起一种感动："国魂"永流传。

第二章

钩稽隐微——石文留史影

　　人于山石，一经品题便有不同；山石于人，也成为其心灵寄托。或说史料学即历史学，摩崖石刻中保留许多重要信息，然非研精覃思不能周详悉备。闽省素有"文献名邦""海滨邹鲁"美誉，鼓楼名山题刻即为最直观的展现之一。简短的石文足以呈现史迹，正是有了文献存世，才使得历史文化更加深沉博厚。

闲笔廓然台

陈常飞

　　于山一带旧有"二十四奇"景点，分别是平远台、野意亭、鳌顶峰、玉蝉峰、炼丹井、浴鸦池、磊老岩、跃马岩、喜雨台、仙人床、金积园、杏坛、廓然台、琴台、青牛洞、醉乡石、九日台、龙舌泉、石龟池、梅岭、狮子岩、集仙岩、小华峰、金粟台，但多已不见。史载廓然台："在古圆明院，今白云寺前东南，镌有楷书'廓然台'三字。宋政和年间，闽清陈旸游此，见风景佳妙，遂命名，和尚鸿份书丹。"

于山廓然台

圆明院是于山旧迹，始建于五代显德五年（958），后更名圆通禅寺、圆明禅寺；明末，徐兴公、陈荐夫、曹学佺等曾重修；至清嘉庆时，寺院已不存。

古时诗咏廓然台者不乏其人，如清林直诗：

九仙山绝句二十四首·廓然台

朝登廓然台，长歌意颇适。

仰看天宇高，俯觉尘寰窄。

清杨叔怿诗：

闽中九仙山二十四胜·廓然台

高台峙翠微，莽莽云无际。

一洗万古心，风尘开障翳。

（以上两首诗见《于山志》）

陈旸《乐书》书影

阅读一座山的历史，通常能窥见人物隐微史迹，就好比这处景观的命名者陈旸。

陈旸（1061—1128），字晋之，闽清县人，宋代著名音乐理论家。北宋绍圣元年（1094），以布衣身份中"贤良方正直言极谏科"入仕，历官顺昌军节度推官、太学博士、秘书省正字、鸿胪太常少卿、礼部侍郎、显谟阁待制。陈旸一生勤勉著书，有《论语句解》（10卷）、《孟子解义》（14卷）、《礼记讲义》（10卷）、《北郊礼典》（30

福州东禅寺旧影

卷）及《乐书》（200卷）。值得一提的是，他在福州东禅寺劝刻《崇宁万寿藏》，这是我国第一部民间私刻藏经，当年他募集大量资金以备刻书之用。陈旸与其兄陈祥道对中华"礼乐文化"贡献卓著，堪称时代标杆，也是中华传统文化中的一个符号。陈旸《乐书》成书于北宋建中靖国元年（1101），书中对中国古代礼乐制度作了较为全面的论述。乐文化内涵深厚，古人更把理想社会比况为和乐境界。

于山上这方摩崖石刻全文为：

廓然台。梅川陈旸命名，赐紫释鸿份书。政和四年仲春，住圆

明释宝一上石。

"赐紫"是古代社会一种荣誉，不单有功勋之臣可获此殊荣，僧人、道士亦可获得。政和四年（1114），陈旸已经誉满闽省内外，关于他在于山的行迹，山上另一方题名石刻也载有相关信息：

政和三年间四月初十日，闽清陈晋之、温陵李子中、林宪叔昭远、

临漳吴可权、三衢祝达权，会饮高明轩。

　　这里提到几位历史人物，但值得一说的是文人与释家之间的交游。

　　早年读《季羡林文化沉思录》，书中有些篇章谈及佛教历史文化，其中《佛教与儒家和道教的关系》一文论述颇为精辟，大致观点是：两晋南北朝时，儒者或兼采佛教名理以自怡悦，或漠然置之……东晋时，佛、儒两家思想互相结合、补充……此时儒门之士，多归心佛法，而释门佛徒亦不废儒学，如慧远以高僧而深研儒学……隋王通以儒者而推崇释、道，大有融合三教之势，南北朝一直到隋唐，许多义学高僧都出身于儒家士族……这些人在转入释教以前，已有儒学和玄学的修养。

　　入宋以来，儒、释人物交流更为频繁。谢无量《中国哲学史》云："宋之大儒，多与禅门往还，其讨论性命之说，故宜有相契发者……"在文献中，文人与释家之间的交游故事不乏记载，这方摩崖石刻也留下了实物证据，虽然圆明院住持"释宝一"、和尚鸿份等事迹未详，但仍可据此作一番猜想："廓然"，意为空旷静寂，我想无论是居山林坐禅，以求"无我之境"，还是在静处修习，以期达到"空有"境界，当陈旸想到"廓然"一词时，想必他们心中都不谋而合。可能是为了铭记这超然之思，或者是因为这两字切合儒者、释家修心法门，又或是觉得十分应景，于是才将所书写之墨迹镌刻于摩崖之上。

梁叔子会同年于道山亭

孙源智

在福州乌山道山亭旁，有一处摩崖石刻为我们呈现了 800 多年前的一场"同学会"。该石刻共 65 字，楷书，纵七行，南向，镌于霹雳岩下。文为：

清源梁叔子会同年于道山亭，长乐黄云翼、林季谦、商元质、林行父、高子云、阮梦得、杨似之、鲍明之、高平叔、林正父、永嘉陈清伯、李致尧、浚水赵希尹，淳熙庚子中春六日。

与福州多数宋代摩崖石刻一样，该题刻几乎没有文辞修饰，只是用最简练的文字在天然崖壁书写下当时的情景。文中的"同年"是同榜及第进士相互间的称呼，在科举时代是读书人最重要的人际关系之一。

宋朝在科举放榜后，会由官府举办宴会庆贺新科进士高中，此后同榜登第者也会自发召集同年聚会，这类集会在当时都被称为"同年会"。该题刻所记录的就是发生于淳熙七年（1180）的一次"同年会"，梁克家等 14 位参会者都是绍兴三十年（1160）进士，此次集会距他们金榜题名刚好过了 20 年整。当初的状元梁克家此时正担任福州知州，理所当然地成为集会的召集人。

梁克家（1128—1187）是泉州晋江人氏，"清源"是泉州的雅称，"叔子"是梁克家的表字。他一生功名顺遂，33 岁考中状元，历任中书舍人、给事中等机要之职。入仕仅十年，他便位列宰执，曾两度拜相，先后受封仪国公、郑国公，卒赠少师，谥号文靖，生前身后都备受荣宠，是辅佐宋孝宗，缔造"乾淳之治"的重要功

梁克家等题名石刻

臣之一。梁克家对于福州而言，还有着另一个特殊的历史地位。他曾在福州当了三年多知州，在任期间组织编纂的《三山志》，是福州存世最早、最完整的地方志书，成为后人了解福州早期历史风貌的重要典籍。

相比于梁克家的显贵，题刻中提到的其他人在正史上都没能留

梁克家《三山志》书影

下太多记载，记录下他们生平的正是《三山志》一类的地方志书。其中，除陈清伯（名易）、李致尧（名唐卿）来自温州，赵希尹可能是宗室外，其他均为福州人。

宋代福州辖境大致相当于如今福州、宁德两地，14 位参会的同榜进士中有 10 人都来自福州，这固然因福州是宴集之地，同时也反映出福州士子在科举上取得的辉煌成就。据统计，绍兴三十年（1160）梁克家榜一共录取正奏名进士 412 人，其中福州中榜者至少有 50 人。南宋辖有超过 150 个州府，该榜福州进士数量竟接近全国总数的八分之一，可见当时福州人文之盛。

林湜、林摅是其中相对知名的两位。林湜（1132—1202），字正甫（一作正父），福州长溪（今属霞浦）人。他为官清正，在任时多有治绩，累迁监察御史、太府少卿、司农卿，以直龙图阁致仕，晚年居温州平阳讲学。他淡泊散朗，不慕仕进，曾因维护金华学派学者吕祖俭自请外放，又不避党禁风波与理学家朱熹交往如常，后世因此对他多有赞誉之辞。林摅，字季谦，号芹斋，福州连江（一作福清）人，历知瑞州、漳州，累官太常少卿，"所至具有政声"。他的诗作在当时也非常流行，"名山

胜景题咏殆遍"，他是这些人中留下诗作最多的一位。此外，福州长溪人杨似之（名兴宗）、高子云（名昙）及温州永嘉人李致尧也是当时著名的学者，分别在《尚书》《易经》《诗经》等方面有所研究，均曾入馆阁供职。其余人则多担任文官，或许也有教化一方、造福百姓的举措，但因他们官阶不高，故史书方志均未详载。

与会诸人虽是同榜进士，但经过 20 年宦海沉浮，身份地位已经相差悬殊。不过，在道山亭之会时，大家只以同年相称，不书各自身份，也未依官职排序。宋代朝廷为了拉拢文人，广开贡举之门，却没有足够多的官位空缺。因此科举虽是选官之法，但应试的读书人并不以做官为唯一出路，转而讲论性理、寄兴山水，酝酿出浓烈的民间文化学术氛围。在这样的环境下，居庙堂之高者能够有施展抱负的天地，处江湖之远者也能带动起一方文化的发展。一旦身居高位者暂不得志，又会贬至地方州郡任官。这些返归乡里的士大夫往往会放下自己的身份，主动与活跃于地方的士人相交游。在福州历史上，人们可以看到庙堂之高的宰臣与深入江湖的学者在山水间同游的记录，此次乌山之会便是这样的缩影。

《东壁亭记》余话

陈常飞

元至正二十四年（1364），燕赤不华建东壁亭，至今尚留揭汰所书《东壁亭记》。

文云：

东壁亭记

福城之三山，闽山其一，即乌石山也。至正二十四年，平章政事燕赤不华公摹勒皇太子所赐"忠孝文武"四字于石，亭是山之阳而建焉，名其亭曰"东壁"。亭之西有岩，名曰"天秀"，又亭其椒曰"望海"。"望海"之西又亭焉，曰"东升"。"东升"之西台焉，曰"清泠"。门其南曰"春明"、曰"天秀"者，状其景之胜也。曰"清泠"者，即其气之肃也。曰"东"、曰"海"、曰"春"者，皆因储皇之恩锡而起也，于是山巅海隅焕焉，重光之照临，莫不敬叹钦美于仰瞻之下，不惟平章公忠孝文武之名可垂永远。凡宅于兹者，皆将以是自勉也，不可以不记。朝散大夫、江西等处行中书省左右司郎中揭汰记并书。

揭汰（1304—1373），字伯防，富州人，其父揭傒斯"楷书醇美，具有晋人风范"。清倪涛《六艺之一录》等书记载："揭傒斯正行书师晋人，苍古有力。""傒斯楷法精健娴雅，行书尤工，国家典册及功臣家传赐碑遇其当笔往往传诵于人……"
揭汯通"六经"大义，并工古文词，"以荫补秘书郎，迁国史编修等职"（《江西
通志》），后历官秘书少监等职。他也是善书者，其《汪大雅善隶书诗以赠之》亦
可窥测其所学。在诗中，他讲到关于书法发展史中的相关内容，提到了东汉文学
家、书法家蔡邕，以及钟繇、梁鹄，并用简练的语言对书法线条与间架等进行评
判，可见其对书事有所留意："汉隶变秦石，中郎实云祖。浑浑元气运，生意蓄未
吐。钟梁已小变，唐遂失其武。迨元数公起，精妙可追古。凤翥与鸾翔，烂然照中
土。老成既凋谢，来者或未睹。纷纷欲争高，往往背前矩。峭刻少浑成，痴肥乏筋
膂。收敛类畏缩，轩张或伤怒。规矩事模仿，又若优孟舞。汪君忽杰立，落笔蔡为
主。见此神骨全，真若古钟吕。美玉出荆璞，明珠还合浦。况当文物新，制作方并
举。纪常勒钟鼎，封岱禅梁甫。大书与特书，执笔当俟子。具兹华国文，名已登
天府。"

乌山东壁亭

《东壁亭记》亦可算乌山摩崖中"双绝"。来者可观其书法，以收"凝神静虑"之效；而这篇文章的内容也体现了摩崖石刻具有记录方位、保存历史、激励人心等作用。文中写出摩崖石刻文字有概括风景及周围环境的功能：所谓"天秀"者，状其景之胜也；曰"清泠"者，即其气之肃也；曰"东"、曰"海"、曰"春"者，皆因储皇之恩锡而起也。还值得一提的是，文中所载燕赤不华"摹勒皇太子所赐'忠孝文武'四字于石"，且写道"凡宅于兹者，皆将以是自勉也"，我想此中包含多层含义。忠孝文武是对人的很高评价，这份"殊荣"的内涵不仅仅是"文武双全"。忠，是古代社会士人皆欲致力追求的，《论语》中讲："子以四教，文行忠信"，此教诲深入人心。除了"忠"字本义外，这个字还有中正、不倦等引申义。孝，更是中华传统美德，古代经典《孝经》等对"孝"皆有重点强调。这也是这方摩崖石刻的教育价值。

东壁亭是乌山历史景观之一，名留至今。今亭上有联云："东壁图书府；西园翰墨林"，句出唐张说《恩制赐食于丽正殿书院宴赋得林字》，句意源于《晋书·天文志上》："东壁二星，主文章，天下图书之秘府也。"想来该联句放在这座名山中也颇为贴切。

而与燕赤不华有关的摩崖石刻，除了"东壁亭""清泠台"，还有"天秀岩"。《闽中金石记》载：天秀岩在双峰梦下，……至正二十四年行省平章燕赤不花楷书镌"天秀岩"三字，至今石刻仍存。闽县人、顺治九年（1652）进士叶矫然有诗：

天秀岩登高

满怀愁绪不关秋，满目秋光不解愁。

愁里衔杯多酩酊，秋来作赋少风流。

黄花避客开深谷，白雁惊人度远洲。

画角城南催落日，碧天无尽思悠悠。

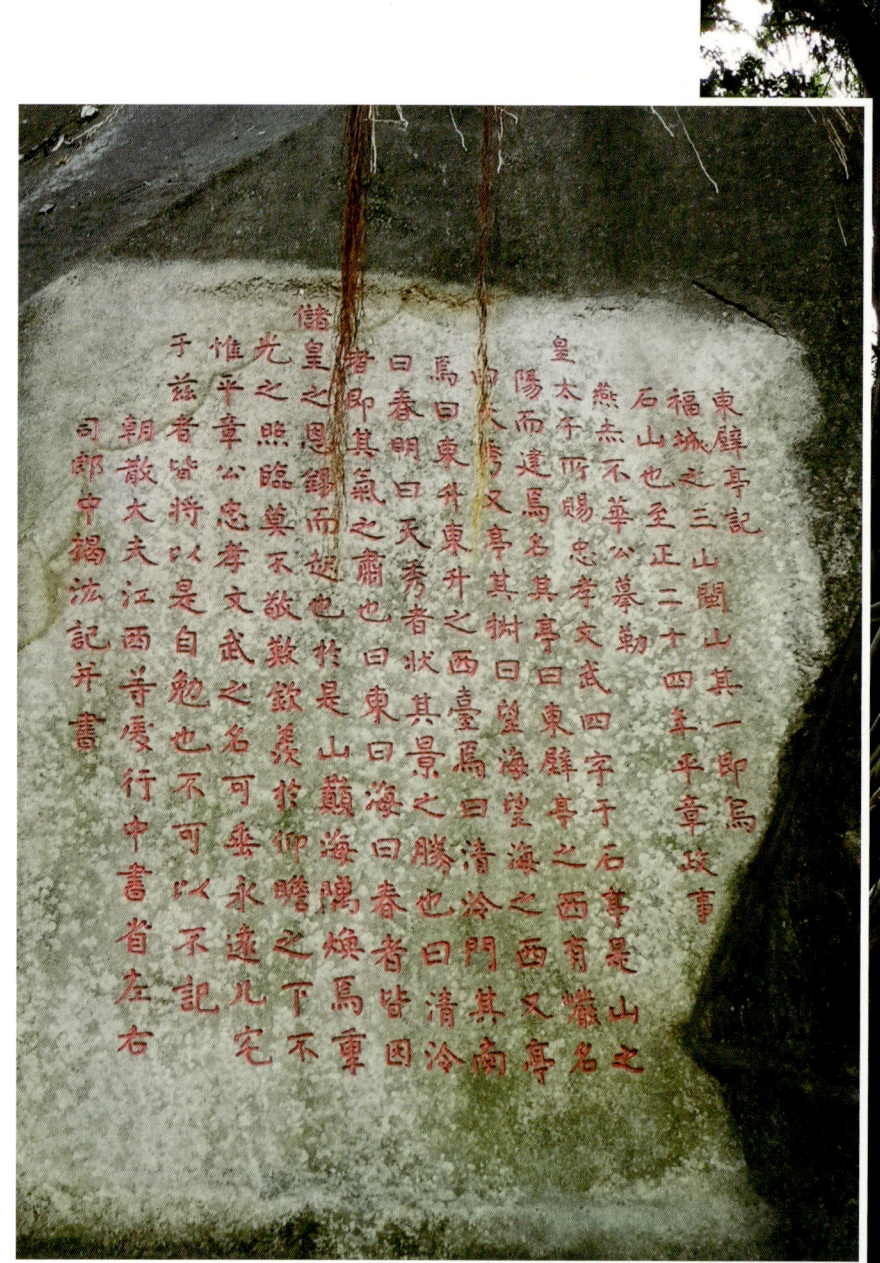

東壁亭記
三山閩山其一即烏
石山也至正二十四五平章政事
福城之
皇太子所賜忠孝文武四字于石尊是山之西有巘山之南亭又名之
卿人焉而馬遠馬又亭名曰東壁亭曰望海望海之門其西又南亭
者曰其氣之廟也曰東曰海曰春清泠者皆因
焉曰東升其狀曰海曰春者皆因
馬曰東升東秀者西臺焉曰清泠之勝也
儲皇之恩錫而題也於是山巔海隅煥焉重
光之照臨莫不敬歟仰瞻之下焉宅
惟平章公忠孝文武之名可垂永遠儿宅不重
于茲者皆將以是自勉也不可以不記
司郎中揭汯記并書

揭汯《东壁亭记》题刻

侯官藏书家刘永松曾与郭柏苍合撰《乌石山志》，其《天秀岩》诗有句写道："片石嵯峨耸九霄，石梁如带绕山腰。劚来秀骨三分妙，涌出奇峰百尺标。"

许多事物早已过去，若不是因为几方摩崖石刻，可能很难引起人们对这段历史的关注。史上留下许多山水画作，而山水精彩之处，在于其所蕴含之人文。这正是文人笔下山水"底色"，也是自然山水的价值。燕赤不华、揭汰，或是其他历史名人；"清泠台""天秀岩""东壁亭"，或是乌山上的其他摩崖石刻；它们皆有不同的故事，从而构成了乌山的独特风景。

刻在八闽的文人风骨

邵晓达

舒啸台在于山九仙道观右侧，东北向；楷书。系成化十八年（1482）福建镇守太监陈道（五羊陈公）重修九仙观时，在其旁修建专供游人远眺的观景台。

成化二十年（1484），辞官归园数载的黄仲昭应福建镇守太监陈道邀请，隐居在于山主编《八闽通志》，这里正是其编撰之处。无官一身轻的黄仲昭十分喜爱此处，当即赋诗一首。虽经历岁月，字迹已缺失，经考据核实，文曰："榛莽新芟辟，天然数仞台。烟云连睥睨，殿阁俯崔嵬。远岫横江断，寒潮到郭回。登临一舒啸，天地旅怀开。"五羊陈公重修九仙观成，顾西南山之半有异景，遂命芟夷，以为游人登眺之处。予辱公款延纂修闽志，适寓观之东轩，因获侍游焉。爱其高敞幽胜，既赋诗一章，稽请于公，名之曰"舒啸台"，公欣然于书三大字，命千户王渝并予诗刻于崖石。成化丁未中秋，莆田黄仲昭识。

字是陈道所题，刻下的却是黄仲昭心境。"舒啸"，出自陶渊明《归去来兮辞》中"登东皋以舒啸，临清泉而赋诗"诗句。啸，本义为口哨吹奏。舒啸，意为到特别的高处，放声吹奏口哨，让哨声传扬开来，以悦身心。辞官回归田园的黄仲昭"登东皋以舒啸"。"舒啸者，宣其悒郁之气也。"舒啸，发出的是被环境放大的声响效果，行云流水般的口哨乐音，表现的却是心底的爱国情怀。

黄仲昭（1435—1508），原名潜，字仲昭，以字通称，号未轩，又号退岩居士；兴化府莆田县东里巷（今城厢英龙街）人，成化二年（1466）进士，授翰林院

白塔一景（林双伟 摄）

八閩通誌序　近衞本

閩雖為東南僻壤然自唐以來文
獻漸盛至宋大儒君子接踵而出
仁義道德之風扵是乎可以不愧
扵鄒魯矣先哲凋謝典刑日遠士
胃民風漸不如昔此有志扵世道
者所為深慨嘆也仲昭多病早衰
退慶山林竊不自揆思欲考求前
誌表意先哲之典刑以風厲後學
庶幾扵世道少有所補而不能為
聖朝棄物也顧私家無力不能盡
八郡之誌以偹檢閱而書人筆札
之屬亦無所取盖有志而未能
者久之適今御用監太監五羊陳
公奉
命鎮閩雅好文事藩臬諸君子因以

諸郡之誌久曠不修為言公慨然
曰誰可屬筆者諸君子僉以仲昭
為宜公乃具書幣俾部憲臣踵
門而請焉仲昭亦欲有以畢其初
志故不辭而為定其凡例隨事分
類為大目十又八爲小目凡四
十又二每類則合八府一州之事
以次列之釐為八十七卷名曰八
閩通誌其間若地理食貨秩官學
校選舉壇壝㒣祀宫室丘墓古蹟
之類皆因諸郡所采事蹟隨其詳
略稍加刪次或遇營建修治之得
宜者可以示法扵後世者始備錄
之至扵人物一類或有未載及
載而未盡者必旁搜博考尤
六爲如福之人物舊誌俱未有登

黄仲昭《八闽通志》书影

编修；成化十六年（1480），因厌恶官场，以养病为由请辞归乡。退居田园的黄仲昭足迹遍布福建。登武夷山，游朱熹讲学处，访福州，过泉州，宿漳州，一路查阅民间藏书，旁搜博考，详细调查了解当地历史及风俗等，还详细记录所见所闻。他深切感到："闽虽为东南僻壤，然自唐以来文献渐盛，至宋大儒君子接踵而出，仁义道德之风于是乎可以不愧于邹鲁矣。"成化二十年（1484），他应福建镇守太监

于山舒啸台

陈道的邀请,主编《八闽通志》。该书保存了大量珍贵史料,为后世福建省各级方志编纂之范本。

明孝宗弘治元年(1488),吏部尚书王恕奉诏起用黄仲昭。黄仲昭在完成编纂《八闽通志》后,于弘治三年(1490)启程到京。参拜吏部时,尚书王恕亲自到门口迎接,拱手恭让进入厅堂,二人相向再拜,礼遇甚优。因当权者皆是黄仲昭在翰林院时的同僚,对黄仲昭心怀宿怨,加以阻挠,故未能大用,而出任江西提学佥事。黄仲昭虽感不遂人意,仍尽心效职,曾说:"用人莫要于提学,得人则能培养天下之才,为国家用。"

黄仲昭告老还乡后,仍居住下皋山庄。呼童仆除草剪竹,修整一番,登俱乐亭观景,感慨万千,诗兴大作。"要放南山翠色来",为解脱官场羁绊,回归自我天性感到快慰。他晚年,虽体弱常病,仍以余生精力,致力修史。明孝宗弘治十年(1497)春,他应延平知府孙衍之请,赴南平主纂《延平府志》,历七十日而脱稿。弘治十四年(1501),应兴化知府陈效之请,与周瑛共修《兴化府志》,周瑛纂总志,仲昭领人物志,弘治十六年(1503)书成。弘治十八年(1505)三月,邵武知府夏英恳请黄仲昭赴邵,主纂《邵武府志》,历时十个月书成,接着又纂修《南平县志》。他为福建的方志事业呕心沥血,其所修之史书具有鲜明的史鉴功效,欲以先哲典范事迹风励后学。明正德三年(1508)十一月,黄仲昭积劳成疾,病卒于家,终年七十四岁。

石刻记载历史,是一篇篇不朽精彩之作,更惊叹的是隐藏在石刻背后的人文情怀。纵观黄仲昭一生,他笃实践行"修身、齐家、治国、平天下"的理想,且身体力行,进不求禄、退不避事,淡泊名利,坚持气节,坦然进退,其为人风骨是一代闽人的典范。

与家人同游于山,抚触名人雅士在石壁上留下的题刻,如同翻开历史的卷轴,穿越时空,感受刻在八闽的文人风骨,别有一番滋味。

罗山自在寺中藏

林　强

　　福州自古多山，宋代即有"三山鼎秀，州临其间"之说，郎中谢泌的"城里三山千簇寺"更是让世人尽知福州有越王山（今屏山）、九仙山（今于山）、乌石山（今乌山）。到了明代，由此三山及其支脉，又引申出"九山"之说，最早出现此

福州城老照片

记载的是崇祯四年（1631）刊印的《闽书》："城中有九山，谚曰：'三山藏，三山现，三山不可见'。""三山现"即指越王山、九仙山、乌石山，而"藏"与"不可见"，历代向无定论，但不论是明代《闽书》《八闽通志》，还是清代《闽杂记》《榕城考古略》《竹间续话》《闽县乡土志》《候官县乡土志》，抑或是民国《福建通志》《福州便览》，书中提到"三山藏"的第一山皆是九仙山之支"罗山"。罗山旧时的范围大约在今朱紫坊河墘之南，九仙山麓太平街之北，新权路协和医院之东，观巷格致中学之西，占地大约 240 亩（1 亩约为 667 平方米）。可惜的是，到了清代，罗山被铲凿殆尽，据《榕城考古略》记载："罗山，在古罗城通津门外，九仙之支也。其下有法海寺。山今多凿铲，唯寺后及闽县署后山址仅存耳。"

法海寺法堂

说罗山，就不得不说法海寺，清《竹间续话》云："罗山，在法海寺内。"民国时期，因协和医院建设，连闽县署后山址亦荡然无存，只剩法海寺后尼众宿舍边还有部分山体残留，其中一处石壁上镌刻着"罗山"二字。

"罗山"题刻

罗山在宋代以前，地处东城要衢，当时"罗山、夹城坊巷"中可并行四辆车以上的大道有十五条，其中有两条必须经过罗山：由拱星坊（今旗汛口一带）经通津门至罗山的大道可并行四辆车，由罗山通往兴贤坊（今圣庙路）的大道可并行六辆车。到了清代，以旗汛口为中心的十字街，向南经仙塔街、王府口、通津桥、津门楼街，达罗山，之后形成三岔路，通往鳌峰坊、观巷、法海寺，罗山即为十字街之"尾闾"。

谢肇淛住在罗山脚下的朱紫坊，未入仕前，读书罗山。据《小草斋集》记载："卜罗山卒业焉。一切谢人间事，杜门却扫，无杂至客。"后结红云、泊台等诗社，"咕哔之暇，喜为声诗，结社赋咏无虚日，而诗名从此大噪矣。"他写的《过法海寺》，让人知道罗山旧有诸多摩崖。

过法海寺

当年甲第倚云开，此日惊登般若台。

金地已成新法界，罗山还属旧如来。

春深别院无歌舞，水落寒池有劫灰。

二十年前读书处，题名强半没苍苔。

谢肇淛四十二岁那年与社友们在法海寺品荔赏月，作《荔阴坐月》："罗山山下古琳宫，月色炉烟散远空。岚气暮凝金阙紫，荔云高映玉波红。隔林残霭微催雨，拂坐寒香暗度风。更到上头盘石卧，万家灯火漏声中。"

与谢肇淛同列"闽中七子"的曹学佺也常参加罗山宴饮，他有一首《集罗山》："强扶病骨犯危峦，此地徘徊转觉安。寺里客过辰屡换，林中僧话岁将残。坐于石笋何妨暝，行到梅花别是寒。漫借禅灯照诗思，东方月色出檐端。"时休宁人吴兆入闽，曹学佺、徐兴公、林光宇、林古度、陈翼飞等人作陪罗山，分韵唱和，各有诗作。

谢肇淛的好友，"前五子"之一的赵世显，官至池州推官，他是"芝社"的发起人，平日以文、酒娱日，年轻时曾作《法海寺》："赵岐读书处，仍作法王居。忽对三花树，还思十载余。闲云禅榻静，清磬佛堂虚。为爱珠林胜，尘缘积渐疏。"过了二十年，他再游法海寺，物是人非，感慨万千，作《重游罗山有感》："不到罗山二十年，重来此地倍凄然。岩花似喜曾游客，径草犹含旧日烟。满目林亭非故主，一时钟磬又诸天。不禁一掬山阳泪，洒向清泉白石边。"

乌山"第一山"石刻

林　强

说起"第一山"，很多福州人首先想到的是乌山天皇岭上"门对塔成双"的"第一山"。这"第一山"，因石上有北宋书画家米芾行书"第一山"三字而得名，尽管字旁有落款"米芾"二字，但无论是史志记载，抑或石刻背景，都能清晰辨出这是后人摹取米芾之字刻石而成的，非米芾亲笔。

其实这和全国各地大大小小数十处的"第一山"相仿。可哪里又有那么多山能称"第一"呢，不过是文人对家乡山水的欣赏和推崇罢了。其中又因为米芾题写"第一山"三字堪称神来之笔，气势磅礴，行云流水，便有许多人在题刻"第一山"时，喜欢模仿米芾字体，像泰山、嵩山、庐山、武当山、峨眉山、终南山、江苏盱眙南山等。在福州地区，也有七处"第一山"石刻，其中有两处位于乌山。

第一处"第一山"石刻，位于乌山东侧的天皇岭。

天皇岭旧称天王岭，因岭上的南涧报国寺供奉护国天王而名。从乌山南麓的道山观弄上山，过澹庐、高爷庙（南涧寺上殿）、红雨山房，便到了天皇岭。该地唐时为三山黄氏所居，后人刻"祖居山下自唐迁，父老相传八百年。但使儿孙能守分，不令沧海变桑田"于石。据说这是黄氏卜宅之谶，预示黄氏一族卜居此处前后八百年。在南宋绍定二年（1229），黄家十一世出了个状元黄朴，赐第之年的元日，屋上瓦狮坠地，群犬齐吠，不久，便传来黄朴大魁天下的消息，"一时士林歆羡"。他的次女黄昇，葬在新店浮仓山的"老君骑牛穴"，1975年在其墓中出土了

三百多件服饰和丝织品，让我们在千年之后，仍能欣赏到南宋服饰之美。明初，黄氏后裔、赵王府审理黄子济以其地"望城中屋次鳞鳞"，创建鳞次台。入清后此地辗转多姓，道光间邑人林材居此，俯仰岩间，篆书"第一山房"。而黄氏自唐末随闽王入闽至清初远徙，前后住了七百多年，果应了"祖居八百年"之谶。

郭柏苍在编《乌石山志》时收录有一段残刻，乃明正统十年（1445）黄世瑛追述其祖黄子济的诗句。其时残刻尚漫漶不清，近年重描，才让文字大白于天下。

01/ 乌山北坡"第一山"摩崖石刻
02/ 乌山东坡"第一山"摩崖石刻

黄氏鳞次台后山东西界于路，南接古寺（即南涧报国寺），荒闲应久，大明正统乙丑仲冬，孙瑛追述祖□□子济公□进士□□□先志□□□□□□□□咏花石□□□□□□□□□□巅真□融□□□□□□温涧□藏玉且□坚□好补□□□□□云管霞雨苔春老绵纹□子□□□滇□重神乔钟莫有自然竹梧巢间，黄世瑛句。

细看之下，它的"残"，罪魁祸首便是"第一山"石刻，它直接刻在黄世瑛石刻上，造成石刻残缺45字。由此判断，"第一山"应是明末清初所摹，此时黄氏已迁他处，只能任由外人破坏其祖先的石刻。所以，道光二十二年（1842），郭柏苍在《乌石山志》中写道："第一山，摹米芾行书，字径二尺，镌天王岭。"

第二处"第一山"石刻，位于乌山邻霄台北侧的山坡上。陈寿祺《福州乌石山石刻》记载："第一山，楷书，径一尺五寸，镌周子祠后西南。"周子即写《爱莲说》的周敦颐，宋代先贤，有"出淤泥而不染，濯清涟而不妖"句，以莲自况，品格高洁。他的五代孙落籍闽都，建祠以祀。清乾隆十一年（1746），巡抚周学健重

郭柏苍《乌石山志》书影

建为家祠。数十年后，闽县举人林茂春到乌山拜谒周公祠，写下了"林深岚气聚，地辟岩容转"的诗句，可见当年气象。后祠宇倾圮，杳不可见。1949 年后，这一带乏人行走，日渐荒芜，石刻也湮没在乱石丛中。直至 2022 年开发邻霄台时，才露出庐山面目。石刻镌在一块酷似鳌头的巨石上，笔意娟秀，神韵自得，虽不如米芾的"第一山"行书奔放，但也灵动可人。

　　山不在高，有仙则名。乌山虽不过数十米高，但历史悠久，地灵人杰。汉有九仙射乌，梁有王霸坐石。唐明皇敕封乌山为"闽山"，李阳冰篆"般若台铭"，名列"天下四绝"。五代，王氏大建寺庙，铸三丈六尺（12 米）弥勒佛像。宋代，书法四大家之一的蔡襄赞它"峭拔几千仞，孤高无四邻"；郡守程师孟登山览胜，谓乌山可比道家三山，改其名曰"道山"，邀曾巩作《道山亭记》；理学家朱熹归隐讲学，筑室清隐。元、明以来，贤人逸士，占胜结宅，僧衲羽士，创寺结庵。清道光年间，郭柏苍撰《乌石山志》，写道：会城之内有九山，九山，乌石为最大。会城之地称"三山"，三山，乌石为最奇，不愧为"万里重山绕福州"之"第一山"。

《烏石山志·序》（三）

為老嫗小兒所苦狡獪之徒甚或
許以財而始納採訪既備爰求效
訂僮僕借書奔走於路凡屢易稿
而就噫是山自漢九仙射烏梁王
霸坐石而躓以著唐李陽冰篆般
若臺記薛逢題辟老峰書而石以

文五代王氏大建像鑄黃金作佛
殿宇輝煌佛老子之宮以數十百
計僮而塍宗程師孟登
道山建道山亭曾鞏作記山之名
日益彰矣湛仲謨朱晦翁游魯堂
諸公先後歸隱講學山之地日益

《烏石山志·序》（四）

靈矣元明以來賢人逸士占勝結
宅釋子羽流創寺建庵雖其間互
有興廢而存者已什不得一也什
不得一始志之晚矣亦幸也冬夏
登陟不為寒暑所窟幸也更顧有
今成矣勒山石識歲月為更顧有
好事者起為子所欲為而未逮者
道光二十二年歲次壬寅七月朔
日邑人郭柏蒼自叙於于麓之
古天開圖畫樓

乌石山房述史稿

陈常飞

  龚易图是藏书家，在闽省藏书界与陈宝琛并称"南陈北龚"。有人评论说龚氏藏书楼可与"皕宋楼""铁琴铜剑楼""八千卷嘉惠堂"媲美。

  龚易图在福州有四处园林：西湖边环碧池馆（祖居）、乌石山双骖园、花园巷武林园、芙蓉别岛。乌石山"双骖园"曾是福州名园，此地"背仰邻霄台，肩倚积翠寺"（陈衍《石遗室诗话》卷二十一）。园中遍植名木，尤以荔枝著名，有诗写道"双骖园本荔枝园"。龚也曾集杜、苏诗句为联："平生最爱说东坡，日啖荔枝三百颗；天下几人学杜甫，安得广厦千万间。"园中景胜如乌石山房、袖海楼、餐霞仙馆、啖荔坪、蕉径、注契洞天、净名庵、南社诗龛等景致皆秀丽幽静，如餐霞仙馆联云："欲上青天揽明月；闲与仙人扫落花。"

  此前王世威搜集相关资料，编辑为《忆福州三山旧馆》一册，于 2000 年春内部印刷，书中收录龚易图外曾孙陈士骥《三山旧馆琐忆》一文，从其文字中可窥见名园史迹："……双骖园筑于乌石山之腰。凭余少年时记忆，园前设山门，若古画中之小径柴门，题额'双骖园'。入门有石阶若干级，于山腰坪地上建三五间平屋，类书斋雅室，原为外曾祖公读书宴集之所。《乌石山房诗存》即刊于此，时为光绪九年（1883）。闻道夏日秋晚，家人亲朋每集此地宴游、避暑、登高。后山筑有供居室的房屋，有楼曰袖海楼。其间半绕屋宇则属自然山景树林，极富野趣。"

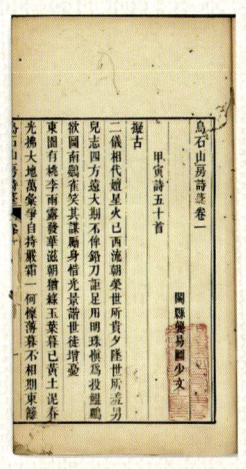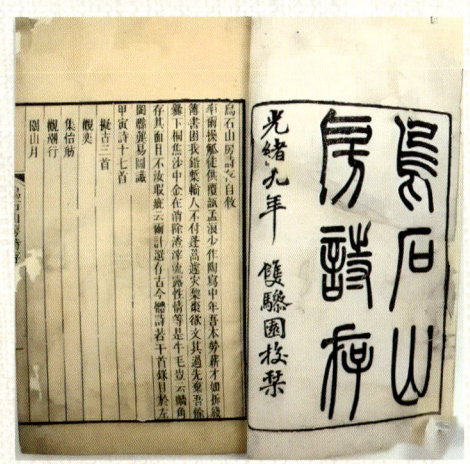

龚易图《乌石山房诗存》书影

龚易图《乌石山房诗稿》书影

龚易图《谷盈子十二篇》书影

在双骖园中，乌石山房藏书楼的历史是最值得描写的。我想倘若龚易图在世，也会这样想。

龚易图曾题双骖园，联云：

二十射策，三十典军，四十暂归田，捧檄为高堂，莫怪北山笑我；

有宅一区，有田数亩，有书五万卷，携琴成旧约，曾从东海移情。

龚易图（1835—1893），字蔼仁，号含晶，晚号爱云山人。咸丰九年（1859）进士，由庶吉士改官云南知县；后升任知府、江苏按察使、广东按察使以及云南、广东、湖南布政使等职；其政绩亦可书写长篇，本文先论其藏书事业。

乌石山房藏书五万多卷，其中不乏"善本"。龚易图曾制订图书"阅览规程"，光绪己卯年（1879）十二月，作"双骖园乌石山房藏书楹条款并引"一文，历叙藏书之难、保管维持之难，并订立掌管规例十五条，勉励后人，要求世世遵守。在龚易图心中，应该没有什么比藏书更重要了，他曾说："封侯食肉寻常事，得作书痴亦大奇。"（龚易图《乌石山房诗稿》卷十五）双骖园的岁月令人向往，因为这里曾是诗意栖居，是琅嬛福地，在龚易图的一首诗中，可以看到这幅乌山读书图，可以感知文人专注书籍之乐趣：

四山倒影漾空明，拔地楼台却在城。

人向乱书堆里度，园从名画稿中成。

芭蕉满径浑疑雨，薜荔牵墙不碍晴。

除却访碑兼问字，闲门落叶断逢迎。

虽说此时是悠游林下，很自在，也很清闲，但龚易图从未荒废时间，而是利用有利环境来从事藏书整理与学问研究，如考订版本、辨析学术源流，为图书内容作简介、品评古籍价值、评论作者、记录收藏经过……利用藏书来研究、著述是一部分古代藏书家传统。龚易图也勤于著述，有《海防刍论》、《山左军牍拟稿》、《古本周易参同契注》（3卷）、《参同契直解》（3卷）、《玄玄上经注疏合

龚易图画作

解》、《谷盈子十二篇》、《西游记评注》、《相长篇》、《乌石山房诗稿》、《乌石山房诗存》（12卷）、《餐霞山馆外集》、《乌石山房印谱》等。他的一首诗也表达了这种生活状态："结构园林未是闲，安排笔砚对溪山。此心已被云留住，一缕灵机自往还。"

在书籍分享这件事上，龚易图毫不吝啬，肯将藏书借给他人。他还作有一联云："藏书岂为儿孙计；有志都教馆阁登。"其后人龚礼逸曾经回忆说："楹内珍藏，无论家中子弟、戚友、外人，如有校钞检诵，只许在楹阅览，不得任意挪动，防致散佚，法至善也。"

古来将藏书供人借读，公之于众者虽不乏其例，但当时这种心态也难能可贵。不可借之原因有数种，如担心古籍珍贵，保护不善容易破损，又因藏书得来不易，所以不轻易示人。从这点上来看，也可窥见龚易图乐于传播文化的一个侧面。龚礼逸也受此理念影响，认为："世间瑰宝，聚散何常，人失人得，但使不负此书可耳；若深锁饱蠹与任趁散佚，反失先人收藏之意。"于是在1952年时，他代表龚氏家族将"大通楼"藏书约15000余卷、4000余册捐献给福建省图书馆（上海名家教育学院《福建第一"藏书阁"》）。一说龚易图藏书超过16万卷4万余册。但后来不幸遭遇浩劫焚毁，或流散他处。有记载台湾大学图书馆所藏中文古籍多来源龚氏藏书。

而他为什么要在乌山营建"双骖园"？这应该与他高祖父龚景翰有关。龚景翰曾于乌石山下建"双骖亭"，藏书三万多卷。秦瀛《小岘山人诗集》为龚海峰题"藏书图"云："海峰来京师，不羡官爵美。日向坊间购异书，夜向灯前翻故纸。前身应是老蠹蟫，性命总不离文史。典衣竞买三万卷，堆案盈箱富无比。"（参见黄兆郸《龚易图与"大通楼"藏书》）从这里也可以看出福州名门家风与诗书传统。

乌石山西麓岩壁有一方摩崖石刻，应该是在双骖园故事发生的最初时候——光绪三年（1877）冬月镌刻的。摩崖石刻文云：

01/ 龚易图双骖园留影
02/ 龚易图题刻

奥旷之区，是谓神谷。不廓而容，不凿而朴。敷草木以华，曰：其书可读。其人无所长而能不凝滞于物，醉与醒，清与浊，乐其同，忘吾独。丁丑之冬，闽县龚易图偕戚刘忻、季弟彝图卜筑既成，泐铭于石。

龚易图深研学问，精通禅理，又工诗、书、画。这段文字体现了名园影迹，也透射出他的人生哲学。所谓"一切景语皆情语"，柳宗元《永州龙兴寺东丘记》言：

"游之适，大率有二：旷如也，奥如也，如斯而已。"《老子》亦有名言"旷兮其若谷"。"奥旷之区"是指空间上的开阔和幽深，也暗喻胸怀的豁达与心性的超脱，他崇尚自然，处世能不受外界事物束缚，但同时又可随世俗迁移，能够"和光同尘"。这段文字是对营造双骖园景观风格的高度概括，同样也是他的一段"自示"。

在此前出版的《福建藏书家传略》与《福建藏书楼》书中，已对龚易图藏书楼作过研究和介绍，但其资料未对龚易图《乌石山房诗存》（卷16）中《双骖园诗并序》进行解析。该文记载了这段历史，今点校如下，以补前阙：

> 予以"乌石山房"名集，寄卜筑之愿，而未计买山之赀也。丙子季仁十弟以银五百两购得乌石山西麓郑氏果园。今年予假归，因即其中筑屋五楹，额为"乌石山房"遂夙志也。更于崖上筑屋两楹，额为"餐霞仙馆"，山房之右构楼屋十楹，庋书于中，额为"五万卷藏书楹"，楹外山碉植梅百本，额其内室为"修到梅花书屋"，楹外额其楼曰"袖海楼"，楼之下崖石陡立，就其上筑坪名为"啖荔坪"，山房之后凿石引泉，注于崖侧，名之曰"浴翠渠"，由仙馆之左接武而上，崖颠有亭足以四眺，额之曰"俱有亭"。亭前有长岭，盘为一台，名曰陵虚台，台下有天然石洞，可容数十人，名曰"注契洞天"。洞下为园之总门，筑一廊以憩足，名曰福地廊，统名之为"双骖园"。盖予旧宅有双骖亭，兹舍宅归书院，故名，此示不忘先泽也。亭下崖陡立，名之曰"劚云岩"。是吾园之大概也……

乌石山房主人感慨时间易逝，或许他本身也知道事物不能久存之理，于是写下这篇"记录"，并系以诗句，从而留住当时情景。如今书楼早已不见，而乌山清逸依然，且用林纾题双骖园之句暂结本篇：

> 白云朝夕异；
>
> 明月古今同。

培香楼岁月

陈常飞

乌石山自古为闽省名胜，自然景观与人文景观交辉。从前山中遍布古迹，仅名居园林就有西园、黄状元宅、遗民浮宅、玉尺山房、榕庵、漱石山房、石林、陈御史宅、谢道承宅、林枝春宅、陈登龙宅、竹柏山房、红雨山房、江城如画楼、鄂跗草堂、双骖园、沁园等。除此之外，周边还遍布祠庙寺观、书院学堂，以及古树名

福州城南旧影

乌石山入口

木等，皆可称胜。人们都向往能在这样的环境中生活、读书，所以历代访山或寓居者皆留下诗文，借以抒发情感，记录与乌山的一段关系。于是名人文化，亦成为乌山的一道"风景"。

在天王岭邓拓故居南侧"第一山"石刻旁有陈琼题句："家藏山第一；门对塔成双。"石刻正文篆书，落款楷书文云："光绪戊申，予买园于此，朝夕种植其中，即景题句。鸣琅陈琼。"这里原为陈琼居处，时"第一山"题刻亦位于陈琼花园内。此处风景殊绝，开门可见乌塔与白塔。

到陈琼为止，古代乌山故事已经快接近尾声。早在南宋时候，状元黄朴曾居住这里；元代，理学家吴海也住在这个地方，后来又为明按察使魏文焜所有（《榕城考古略》卷中）。此后，这里又吸引几位历史名人前来定居。事物随时间发展总会经历变化，结局难料。创业者或许都怀着如黄朴"但使儿孙能守分，不令沧海变桑田"那种期待，但多半事与愿违。

清乾隆五十四年（1789），叶观国致仕返榕在此读书，自号"双榕书屋"。叶氏所见亦当年景胜，面对双塔，他写下了"塔铃自语松风送，鸟梦初回竹月沉"之句。同时，他也感慨世事变迁，于是吟出"磨崖句在薜痕侵，鳞次遗基劣可寻"之句（叶观国《避暑双榕书屋》）。嘉庆年间，邑人林材居此，并题书"第一山房"；到了光绪年间，第一山房又为福州严家所有；再后来演变为民居。

而关于陈、严两家地理位置关系，此前有专文论述，说是当年"第一山房仅存一座三间瓦房、两座房舍地基。山巅鳞次台建筑早已无存，其东古长乐台地5年后归陈琼所有。两家虽门庭各异，但内部互通。"（详见谢海潮《"第一山"两人家》）文章中也初步考证了陈琼生平事迹。

再说陈琼。

陈琼（1873—1946），字鸣琅、彝鼎，籍侯官，曾任福建协和大学教授等职。

陈琼"培香楼"（陈元震　绘）

　　陈琼题刻起始时间为光绪三十四年（1908）。当年他在"第一山"南麓老屋上
方建木构藏书楼，楼名"培香"。一说旧匾为晚清著名书法家何绍基所题。培香楼
中藏书上万卷，收有林则徐、曹学佺等人旧藏。另有记载说陈琼喜爱园林，当年从
日本等国购买几株珍稀树种栽植，其中两株异叶南洋杉是1908年从禅臣洋行购买
的盆景，一株因购回时盆破，就种在"第一山"西侧；另一株盆栽20多年后方移
植东侧山上（林璧符、林宗馗《第一山异叶南洋杉》）。这位藏书家的事迹有待挖
掘和研究，但单从摩崖石刻落款中"朝夕种植其中"这几字也能追溯一段过往。当
年陈琼常说要"藏书万册，栽花千棵"。而"种植"两字，我觉得颇有意味，因为
它不仅指种植花树，还隐含着他要朝夕沉潜文化的决心。

早年他也热衷功名，但一次参加进士科考时，在从长乐沿海路前往北京途中，因船至连江时遇大风沉没，后幸得连江渔民相救，才免于此难，于是不再上京考试（详见王长英、黄兆郸编著《福建藏书家传略·陈琼》）。后来他没有进入官场，所以最终躲开案牍劳形，从而开演了一场与藏书结缘的故事。这段摩崖石刻文字的镌刻，应该是在营建藏书楼后，文字中透出了他的闲适之情。

陈琼著有《不我知诗稿》，惜遭焚毁。幸运的是，他的志向与理想为后代所继承。

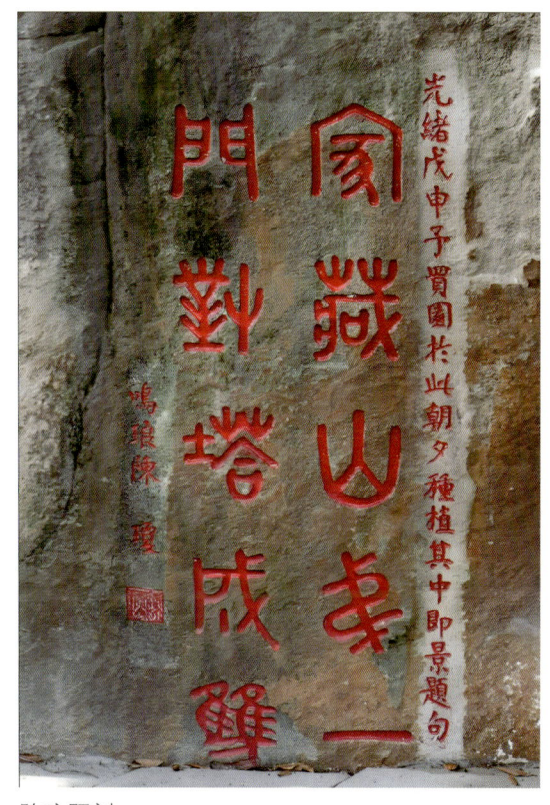

陈琼题刻

其藏书后来传给三个儿子，长子陈文涛利用藏书进行著述，数量将近20部（详见王长英、黄兆郸编著《福建藏书家传略·陈文涛》），此成果得益于培香楼中的那些藏书。民国藏书家郭白阳称："吾友陈文涛、萨士武，皆嗜书而善读者也。文涛博通物理，著述多。"中华人民共和国成立后，陈家人将部分藏书捐献给国家博物馆，一部分归福建省图书馆。

培香楼的岁月，前后经历了三代人。20世纪末，因旧城改造，培香楼随即消逝。若不是有这一方石刻，不知还有多少人会去留意这里的往事。

九曲流觞话泉山

林　强

不过数年，当我再次来到泉山，泉山已变了模样。当年藏在中山大院 12 号边的"一曲"石刻，经过征迁改造，已露出了本来面目，原来，中山大院 12 号的位

冶山天泉池

冶山"芳茗原"题刻

置，就是曾经的天泉池。天泉池的历史，可以上溯到唐代。

唐元和八年（813），当福州刺史兼福建观察使裴次元将球场从福州西北隅迁移至泉山时，这里还是福州折冲府（后名"泉山府兵"）的左衙。他"即山为亭"，辟望京山、天泉池、红蕉坪、观海亭等二十九景，并留下二十首题咏，其中《天泉池》诗云：

> 游鳞息枯池，广之使涵泳。

> 疏凿得蒙泉，澄明睹秦镜。

泉山也因之得名，据《三山志》记载："泉山即冶山，亦即瓯冶池山。天泉池，或即瓯冶池之原名。泉山当亦因此得名。"

流觞古迹（林双伟　摄）　　　　　冶山一景

闽越王无诸雕像（林双伟 摄）

后梁开平三年（909），梁太祖朱温封王审知为闽王，"都泉山"，清梁章钜诗中"三十六宫在何所，旧址苍茫不可睹"的闽王三十六宫旧址，就在泉山脚下。这一带，在闽王时，都是大都督府的建筑，通往西湖水晶宫的子城复道，便位于这一带的地下。宋初，新任的福州知州将大都督府仅存的明威殿改为府治的"设厅"，并在"设厅"的东北，建有逍遥堂。嘉祐八年（1063），元绛知福州，在逍遥堂西建流觞亭。据《三山志》记载，这座亭子"旧有流觞木槽"。

流觞，是文人雅士在"上巳禊饮"时举办的一种古老而风雅的娱乐活动。人们在被禊仪式结束后，坐在河渠两旁，在上流放置耳杯，任其顺流而下，停在谁的面前，谁即取杯饮酒，此亦谓"流杯"。

据《三山志》记载，福州自闽越无诸王起，就在桑溪"流杯宴集"。到了宋代，东郊一带的南湖、东禅和桑溪，更是成为"太守禊饮之地"。只是不知从何时开始，人们不再前往郊外，而是在城内专门打造的亭子里，凿出弯曲回绕的木槽，客人围坐槽前，任酒杯在槽中流动，饮酒赋诗，以此为乐，人们把这种亭称为"流觞亭"，池称为"流觞池"或"流杯渠"。元绛在建好亭后，专门写了一首《流觞亭》的诗："春风流水

出岩扉，载酒轻舟扬彩旗。把得玉杯还自笑，老翁真个似童儿。"

一个年近花甲的老人，在流觞木槽前，开心得像个孩子。

流觞的木槽当然不能长久，宋乾道四年（1168），福州知州兼福建安抚使汪澈将它改成了石槽，虽然没有具体名称，但想来不是叫"九曲池"，就是叫"流觞池"，因为在明代的《闽都记》里有"禊游堂，在将军山巅，有九曲池，岁上巳日，郡人修禊于此。……流觞池尚存，今入民居"的记载。从字面上看，九曲池与流觞池好像是两个地方，但在民国《榕城泉山纪略》中，却明确表示九曲池就是流觞池。该书记载："九曲池，《闽都记》云：'在将军山巅，岁上巳日，郡人修禊于此。'一名流觞池，按石为磐石所凿，旧时必有泉源，今竭矣。"有趣的是，书中一会儿说"九曲池当凿于无诸"，一会儿又说"有石如砥，琢成九曲，相传唐都人士流觞处，泉久涸，而胜迹犹存"。

可惜的是，到了民国初年，泉山不但为民居所侵，还受到驻军的破坏，以致"楼台亭榭，荡然无存，颓垣断瓦，蔓草荒烟，触目皆是"。民国19年（1930），福州文人陈衍、施景琛等遵照《名胜古迹古物保存会条例》，发起组织"闽侯县名胜古迹古物保存会"，以"福州古物莫古于泉山"，先从泉山入手，"争回民人侵占各地"。又依据《三山志》中裴次元所创的"球场山亭二十九景"，一一修复，其中就包括九曲、流觞亭、武陵源等。

民国20年（1931）的春天，万物复苏，桃李满山，陈衍以九曲池为中心，仿武夷胜景，营构新的九曲：一曲在泉山南坡，有辛夷塘；之后往东绕数十米，至山西坡，为二曲，有独秀峰、王坛冈、乾冈岭；转而向北，为三曲、四曲、五曲，有山阴亭、玩琴台、白土谷；绕到东坡，为六曲，有椒磐石、登山路、越壑桥、观海亭、望京山、武陵源等，这里据泉山之胜，石刻最为集中，九曲池畔有石，上有"武陵源"三字，乃旧刻，"似魏晋人笔"，因"陵"字仅余"阜"旁，还进行了描红；由此西行，经寿岩、鉴石，即临七曲，水在此转了个大弯，折而向东，为八曲、九曲。九曲成，王怀晋书"九曲池"三字于流觞亭后的岩壁上，而"一曲"至"九曲"石刻，则为施景琛所题。

民国 21 年（1932），陈衍在九曲池上构亭，名"流觞亭"，匾是陈衍亲书。

两侧有马天翻所题楹联：

> 若有曲流通越窟；
>
> 可能禊事及山阴。

对复刻曲水流觞、临亭赋诗的风雅之举充满期待。之后施景琛题诗：

水曲流觞

> 落花空忆武陵源，
>
> 九曲分明片石存。
>
> 裙屐兰亭修禊地，
>
> 于今无梦复无痕。

重建的九曲呈倒"S"形，径桥连绵，亭台起伏，颇具裴次元营筑山亭时"转石而峰峦出，浚坳而池塘见，高亭结构而虚敞，为潭、为洞、为岛、为沼，窈窕深邃，安可殚极"的意境。遥想当年，水从天泉池流下，清波逐翠，碧水萦回，载着盛满酒的耳杯，流过独秀峰，淌过枇杷川，盘旋而下，缓缓注入九曲池中。此时，围坐在渠旁的文士们信手取杯饮用，在喜雨堂的沥沥春雨中，在玩琴台的悠悠琴声里，吟诗作赋，对酒当歌，酒不醉人人自醉。

登亭可观海

苏　静

　　冶山在古时可是高峻之山。"积高依郡城，迥拔凌霄汉"，这是唐代裴次元《题望京山》诗中的一句。观海亭，位于冶山之巅、九曲玩琴台畔，原为唐代冶山名胜二十九景之一，始建于唐元和八年（813），乃时任福州刺史兼福建观察使裴次元主持修建。

　　观海亭上，曾经来过许多榕城名贤佳士，来得最多的一次则是在民国时期。1927 年的冬天，冶山贡院里（今中山路）老住户、长乐举人施景琛，以其长兄景徽（字绩宇）六十寿辰为契机，邀集黎元洪、王士珍、俞陛云等多位名人聚会于冶山，题名刻石，并征集海内耆宿诗翰 150 人诗文，于 1928 年孟春汇编成《泉山聚寿集》，部分题字镌刻于冶山岩石上，为其创设福州古迹古物保存会，修复冶山古迹打下基础。

　　时间的长河飞速流淌，历经风雨沧桑的冶山二十九景几度毁损、几度重修。作为其中一景的"观海亭"也屡毁屡建，最后一次修建是在 1936 年春，由南洋著名华侨、永定人胡文虎捐资重建。

　　《福州晚报》曾发布一张摄于冶山的福建省银行行务会议合影照片，拍摄时间为 1937 年，正是以胡文虎刚刚捐资重建不久的观海亭为背景。从照片中可知，"观海亭"依照唐代所建的原址建在冶山山顶，亭为四角，下部柱子为石头结构，上部屋面为木头，可从九曲池旁搭建的台阶而上。今王怀晋所书的"登山路"石刻尚

观海亭遗址

存。亭前东向有桥，应该就是那座越壑桥，石栏杆古朴有韵味，极为显眼。亭子石木兼具，中西合璧，具有浓郁的"民国风"。从图片中还可看出，陈衍"观海亭"三字就刻在亭前底座的岩石上。观海亭在抗战期间被毁后，仅存基础与两根混凝土柱，现柱子上铭文尚存，为原国民政府主席林森所题，全文曰：

　　　　玩琴台观海亭据全山之胜，唐刺史裴次元廿九景遗迹。丙子春，
　　永定胡文虎先生捐赀重建。林森识。

陈衍的"观海亭"题刻时间则是在胡文虎捐资重建前的1929年。翻阅《侯官陈石遗先生年谱》等史料可知，1929年，陈衍弟子施景琛创设福州古迹古物保存会，陈衍受邀任会长。此会成立后，依据《三山志》所载唐刺史裴次元所定的冶山二十名胜，对已湮没不彰的观海亭、双松岭等十景，派人寻找查勘后，邀请陈衍来补书，并勒于岩石之上。其中"观海亭"三字也是在这一次由陈衍补书后，镌刻于六曲左侧一块瓜子状的岩石上，纵二行，旁款"陈衍书"。字为其所擅长的楷书，线条既古拙凝练，峻峭清刚，又端庄隽永，令人过目不忘。

陈衍是近代著名诗词家、诗文评论家，又是研究文字学、经史、舆地学、经济学的学者。修史编志历来为地方大事，必举贤人大儒主持。1916年3月，陈衍应福建巡按使许世英之邀，出任《福建通志》副总纂，此志迄今仍为省志中最完备的一部，为后世留下极其宝贵的史料。次年2月，他正式辞去教职，自京城返归福州，住进文儒坊大光里。

福州三面环山，一面临水，被山水簇拥，犹如一块盆地，内又嵌有屏山、乌山、于山等诸多山丘，故福州人形容自己的城市，城内有三山，城外也有三山。先人选择依山傍水，江潮与海潮顶托环流处筑城，并几番逐江而拓城。

唐代林蕴《泉山铭》中有"山瞰巨浸，见于扶桑……山之秀耶，压彼沧溟……"之句，可知唐时冶山峻秀，可望沧海。想当年，冶山之巅巨岩嶙峋，视野旷远，可瞰山观海，也可俯视榕城市井的繁华。只因后来朝代更替，一些山中居住者与管

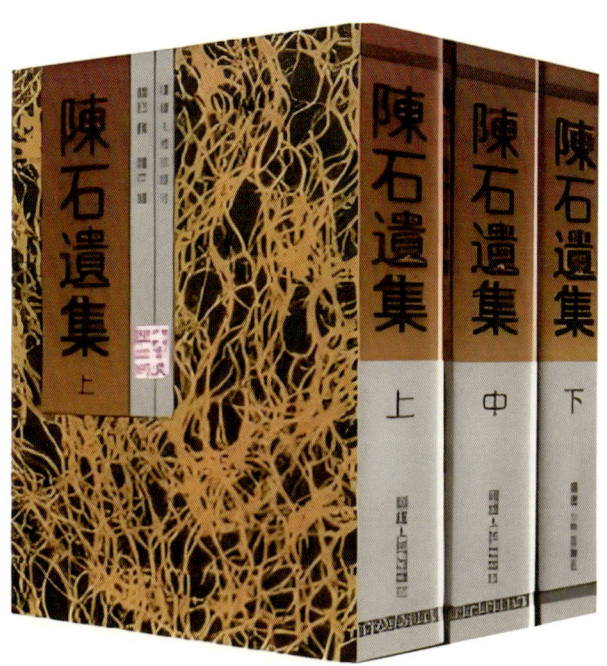

陈衍《陈石遗集》书影

理者，或在山上植树绿化，或新建亭台楼阁，尤其是种植了许多榕树。随着岁月的更迭，这些庞大的根须或盘绕岩石之上，或破石而出，使得巨岩变得支离破碎。不过，重新被分割而成的这些岩石变得奇形怪状，引得文人墨客在此吟诗题刻，倒也增添了厚重的人文底蕴。

陈衍、施景琛等人修复冶山名胜古迹，为后世树立了保护古迹和传承文化的典范。如今的冶山虽说离江海越来越远，但闽江还在不远处默默流淌。闲暇之时，不妨来此登山，品读一下前人留下的"石头记"，去遥望人文与灵魂深处的寥廓江天、浩淼沧海……

"雉梁"探赜

陈元春

　　2020年7月中旬，冶山东南部登山路旁岩壁处一棵百年的老榕树，被一阵大风吹后从根部断开。断榕根部崖石处露出一段石刻，镌刻有纵行隶书"雉梁"两字，并在残余的榕树根缝隙里有模糊不清的纵行楷书边款。刻石自上而下在"雉梁"雉的"矢"和梁的"氵"处，沿垂直方向挤压开裂并向下前移位，边款刻字因石质表面风化，树根遮盖，依稀仅见"雉集于此其"几字边款。

"雉梁"榜书新旧对比

"雉梁"镌刻于何年，是谁所题，有何意涵，引起文史爱好者的关注和热烈讨论。

以研究冶山、守护冶山、宣导冶山为主旨的冶山孝社，立即成立研究"雉梁"摩崖石刻项目组。为了弄清石刻和边款全貌，我们一边向冶山建设管理单位申请清理石刻周围遮盖的榕树根；一边派社员在福建师范大学图书馆查阅施景琛所撰写的《榕城泉山沿革纪略》。该书记载："雉梁刻于民国二十年五月五日，雉集于泉山之东因名"。初步证实该石刻是时任闽侯县名胜古迹古物保存会常务理事施景琛所镌。笔者于 2022 年将初步考证的成果收录到《冶山摩崖石刻新编》一书之中。初探镌刻于 1931 年农历五月五日的"雉梁"及边款，是时年 58 岁的施景琛所镌。当时施景琛等人，以孔子的"山梁雌雉"为譬，见机知命，遁世远祸，秉承为乡人办好事的家国情怀，协助业师陈衍成立"闽侯县名胜古迹古物保存会"，组织整治冶山，修葺名胜，保护古迹。如今的冶山，能较好地把摩崖石刻保留到至今，和他们彼时的努力是分不开的。

2024 年以来，冶山孝社对"雉梁"及边款石刻的文化内涵继续进行探考。在冶山春秋园管理中心支持下，于 7 月中旬将"雉梁"及边款石刻周围所遮盖的榕树根彻底清理，使石刻得以裸露，现出纵书 4 行款识。因石质风化严重，难以完整辨识，为此，我们对"雉梁"边款石刻，现场拓了两张纸，一张辨识用，一张作为经辨识后的拓片进行文字修复。笔者随带着边款拓片，请教了文史专家卢美松，在他的热心帮助下，我们终于对"雉梁"边款难以辨识的文字，有了更全面的理解。

商鼎升雉，其祀不逾。越裳献雉，其国中兴。山梁雌雉，其鸣以时。

民国二十年五月五日，雉集于此，基此必传，因名□□，以志不忘，

泉山老人。

"雉梁"石刻纵书 4 行边款，共 50 多个字（其中两个缺字）。在冶山，目前已探明施景琛所镌刻的 23 段摩崖石刻中，署款"泉山老人"的仅此一段。从

"雉梁"款识

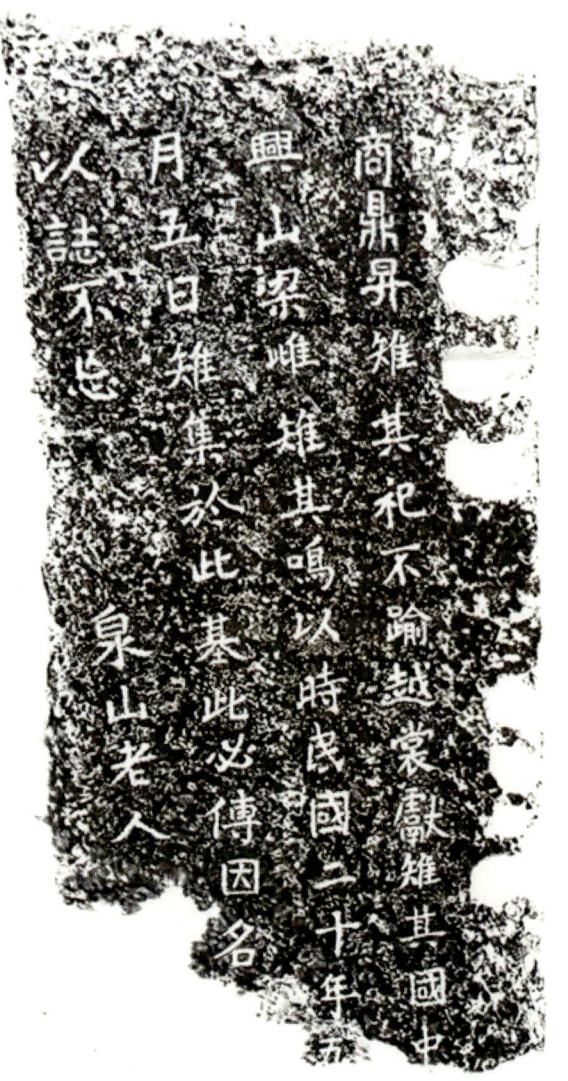

"雉梁"及边款题刻，我们可以进一步看出施景琛洞鉴古今、引喻抒怀之雅士情怀。

"商鼎升雉"，古代典籍中有"雊雉升鼎"之句，其基本释义为殷高宗祭成汤，野雉飞祭鼎而鸣的故事。古代认为是变异之兆。

"其祀不逾"在古代礼制中，通常与祭祀的规格和限制有关。从字面意思上看，"祀"指的是祭祀，"不逾"可以理解为不超过、不逾越。古代有其祀不逾、其祀不踵的意思，与祭祀的对象和范围有关，强调祭祀的合适性和正当性。

"越裳献雉"，"越裳"是中国典籍记载的古代部落，具体位置已无从考证。《尚书大传·归禾》："交趾之南，有越裳国。"许多学者认为"越裳"就是今越南、老挝一带的古称。据越南历史学家陈仲金的考证，"越裳"位于越南广平省、广治省一带。"献雉"的典故出自《尚书》，指西周建国初期，周公辅佐年幼的侄子周成王，主持朝政，国家大治，人民祥和。遥远的南方有个越裳国，感动于周公的政绩，向周王朝

贡献白色或黑色长尾（也称白雉、黑雉）吉祥鸟，表示臣服西周王朝。

"山梁雌雉"，《论语》中有"山梁雌雉，时哉时哉"之句。这是孔子对自然界中雌性野鸡行为的一种观察和感慨，用来比喻人在处理事务时也应懂得把握时机。这句话的背景是孔子和弟子子路在山中观察到一群雌性野鸡受到惊吓飞起来，在空中盘旋几圈后落下。孔子对此评论道："这些山梁上的雌雉啊，懂得时宜啊，懂得时宜啊！"子路则对这些野鸡拱手表示敬意。这里的"时哉时哉"表达了孔子对野鸡能够根据环境变化做出适时反应的赞赏，同时也暗示了人在处理事务时应具备的智慧和敏锐。

"其鸣以时"，《尔雅》曰："翰，天鸡。盖其鸣以时，故有鸡之号。"这里指的是按照时间而鸣，强调的是雄鸡在特定的时间发出鸣叫声。《墨子》曰："虾蟆、蛙、蝇，日夜恒鸣，口干舌擗，然而不听。今观晨鸡，时夜而鸣，天下振动。

冶山一景

多言何益？惟其言之时也。"此句本意是，废话连篇，虽多无用；只要适时、有用，话虽少也足以起到"天下振动"的作用。

施景琛（1873—1955），字涵宇，晚号"泉山老人"，福建长乐人，后迁居冶山之麓贡院里。他于光绪二十三年（1897）丁酉科中举。1905年9月，清政府废除科举后，他秉承父志，致力于地方文化教育事业。1916年奉召北上任北洋政府国务秘书和议员。1927年，南北政府统一后从北京回闽。其后，负责全盘筹划，修复冶山欧冶亭、凌云台、喜雨堂、剑池院等古迹，为恢复保护冶山摩崖石刻和古迹，作出重大贡献，践行了他在冶山石刻中许下的"千秋事业属吾身"的诺言。1949年，他将历时20多年所编撰的《泉山全集》《泉山古物编》《榕城泉山沿革纪略》《泉山胜迹汇编》等十多本书籍，留赠给福建师范大学图书馆，为后人了解冶山历史，研究冶山文化留下宝贵财富。

"雉梁"榜书及题记石刻，承载着丰富的历史文化信息，蕴含着镌刻者泉山老人的情感寄托，值得后人进一步挖掘、阐释。

第四章

园中清吟——诗存千古意

　　前人在此雅集酬唱、吟咏遣怀，或简括清逸风景，或感伤流光易逝，或抒发人事感慨，或寄寓自身情感，遂写就名山诗话。流连山水，颇助诗思；描摹情景，尽彰风采。一页诗作、一场风雅，成为名山胜概最生动的记录。历史已经远去，但曾经的韵事流传至今，诗作也仍在传诵。

千年遗墨扫苍苔

陈常飞

不知从什么时候开始，文人喜欢在名胜中留下"题名"。乌山一处摩崖石刻上的文字，看似平淡无奇，却承载着一段文人交游，时在熙宁元年（1068）冬月。

程公辟、陈述古、沈公仪、湛仲谟、刘执中、杜伯通、马损之，

熙宁元年东游。

程师孟，字公辟，苏州吴县人，这一年九月以光禄卿出为福州郡守；陈述古，名襄，福州闽侯人，与陈烈、周希孟、郑穆以理学闻名，世称"海滨四先生"；沈公仪，名绅，会稽人，时就职于福建提刑司；湛仲谟，名俞，闽县人，曾任福建转运判官；刘执中，名彝，怀安人，著名水利专家；杜伯通，名该，时任提点刑狱、内殿承制。

古典名作《素书》言："同声相应、同气相感、同类相依、同义相亲。"人总会因志趣相投而走到一起，无论他们官居何职，身处何位。程师孟、陈襄、刘彝、湛俞等人对学问追求之心一致，皆留意著述，且在为官任上皆致力为百姓办实事，留下惠政。那一年几人同游乌山，他们心中想必都向往一处林泉之乐，于是"品石"之后，留下一诗：

程公辟等题名石刻

　　闻说林泉便访寻，平田一径陟孤岑。

　　榕阴落处宜千客，荔子生时直万金。

　　尽放迟回官舍近，不妨闲坐石门深。

　　四边稻熟征租了，稍惬农家出郭心。

　　而湛俞对人生道路之选择，大概让几位好友羡慕。因他做了一件他们不敢做，但又想做的事情。

　　湛俞隐居乌山宿猿洞，"三召不起"，此事传为美谈。古人对隐士人格颇为崇敬，就算是陈襄那样的理学家，有时也会生发超脱之思。大抵是不逢明主，或怀才不遇，又或厌倦宦海风波，或是出于"性本爱丘山"的心理，在乌山上，留下了很多类似的心理印记。湛俞与乌山宿猿洞轶事，可以算一个典型。

　　宿猿洞旧址位于乌石山西南麓豹头山，为乌石山三十六奇之一，此地怪石森耸，藤萝阴翳。传"一老翁畜一猿，每夜与猿辄宿于洞中，故名'宿猿洞'。"这位老翁就是湛俞。在其挂冠隐居后，居于闽之琯前乡，人称其居地作"旌隐场"，后迁于宿猿洞。他在宿猿洞前后开辟二十五景，并作"二十五咏"。当时士人、名宦大概由于此处风景清逸而迷恋乌石山色，或又仰慕其人、敬仰他"三召不为荣"的高节，总之时有来访者。宋熙宁年间，程师孟等人就时常到山中拜访湛俞。在乌山湛公祠建立以后，古人也喜在此地题咏，于是诗作纷呈。

　　熙宁元年（1068）冬，该题名石刻中的几位相约同游乌山。史载程师孟曾篆书"宿猿洞"三字，并作诗数首勒于石上。宿猿洞前旧有名荔"洞中红"，陈襄曾作诗道："此去蓬莱峰顶月，梦魂应到荔枝园。"以上史料见于福州方志及名人笔记等书。在民间故事中，传说宿猿洞中有一位猴神，是临水夫人陈靖姑的得力干将丹霞大圣。可能由于这里备受关注，久之坊间便有了这则传说。此可视为古代福州老百姓对宿猿洞的印象。

海滨四先生雕像

郑穆雕像

至于宿猿洞古代环境，明代博物学家谢肇淛曾作《游宿猿洞记》，文中记载了宿猿洞的周围环境和一些史迹。那个时候宿猿洞的景象已远非北宋模样，文载："自熙宁至今不五百载，而洞壑形胜，零落殆尽……鞠为荒丘丛冢之所。"不由感慨"沧桑变易""胜事不复"。谢氏只是乌山众多"客人"中的一位。清福州文人林瀗来游，也作《游宿猿洞湛公祠》诗，他将神往归隐之心表露无遗："古人先我悟，种松何青青。我来寄怀想，片石存其灵。古祠断毳火，丛冢迷草萤。不须猿声促，对酒涕已零。隐居分非浅，我欲追其型。"

正如郭柏苍《游湛公祠》诗句所感慨："乌山寂寞留片石，宋室兴亡剩旧居。"宋王朝的岁月早已过去，旧有文物也多不知所终，然而崇文重教的风气却影响至今。

"海滨四先生"这几字是福建文化中的一个标志，《宋史·陈襄传》载："时学者沉溺于雕琢之文，所谓知天尽性之说，皆指为迂阔而莫之讲。四人者始相与倡道于海滨，闻者皆笑以惊，守之不为变，卒从而化，谓之'四先生'。"这位北宋名臣、教育家一生辗转各地为官，"所至修学校，率邑之子弟，身为横经讲说，世风翕然，民俗丕变"。每到一处，他必兴学任教、躬自讲授，于是从者众多。他的办学经验与学术思想影响了福建书院的发展，对地方文教贡献卓著。全祖望说："安定泰山并起之时，闽中四先生亦讲学海上，其所得虽未能底于粹深，然而略见大体矣。"（全祖望《宋元学案·古灵四生先学案》）只是陈襄学说由于后世缺乏研究，遂导致鲜闻。近日笔者研究陈襄教育思想，认为他对福建书院的教育影响可归结为三点：一是陈襄教育思想给后世书院教育方法以借鉴；二是陈襄传道经历给后世书院选任山长提供经验；三是陈襄学术思想被福建书院课程吸纳、转化。

陈襄逝世后，刘彝曾作《夜宿善权寺，追怀陈述古》诗，有句云："精识世所稀，及道古稀有。伊人虽云亡，遗德不可朽。"刘彝，字执中，幼从胡瑗学。明马森《凤冈刘氏诸贤祠碑记》云："朱晦翁则集诸儒之大成，濂、洛、关、闽并称，天下万世宗之，固邹鲁乎海滨者也。杨、罗、李、朱皆延、建产也。其在福则有刘氏诸贤。"绍圣初年，福州郡守温益以刘彝、陈襄、郑穆、周希孟、陈烈立祠祭祀学宫，称"海滨五先生"。

无论这方摩崖石刻历史信息是否全面，其价值是不言而喻的。从摩崖石刻文化整体而言，它蕴含着人物精神特征，也带着鲜明时代文化标识，这再次证明文化血脉的连通性。人们缅怀乌山名贤，无论是礼敬庄严肃穆的古祠，还是独对早已荒漠的碑石，他们皆以各种方式记录游历感受，无论是从前，还是现在。

永日清阴喜独来

陈时习

　　或许文人都有比较丰富的联想力，程师孟遇见乌山后，认为此山可比道家蓬莱、方丈、瀛洲诸山，所以将它改名为道山，并建道山亭，时在宋熙宁中（《八闽通志》卷七十三）。曾巩《道山亭记》中也记录了这件事："光禄卿、直昭文馆程公为是州，得闽山嵌奍之际，为亭于其处，其山川之胜，城邑之大，宫室之

远看乌山（旧照）

荣，不下簟席而尽于四瞩。程公以谓在江海之上，为登览之观，可比于道家所谓蓬莱、方丈、瀛州之山，故名之曰'道山之亭'。闽以险且远，故仕者常惮往，程公能因其地之善，以寓其耳目之乐，非独忘其远且险，又将抗其思于埃壒之外，其志壮哉！"虽然那座亭、那块石刻皆非原貌，但这段历史和这篇"经典"，至今依然传诵不衰。

福州老一辈文人经常提到程师孟一首诗，诗云：

永日清阴喜独来，野僧题名作吟台。

无诗可比颜光禄，每忆登临却自回。

北宋熙宁三年（1070）某日，程师孟知福州，至此游玩，在寺内巨石头上吟下这首《游玉尺山》（一作《光禄吟台》）。当年寺僧便将此巨石题为"光禄吟台"，一段韵事就此传开。关于这四个字，郭柏苍《乌石山志》中曾有考证，节录于下："光禄吟台篆书，径二尺，镌闽山。熙宁三年□月，似是八月。知州事程师孟书。楷书，径五寸，镌光禄吟台大篆右，'师孟书'三字不知何时泐仆于壑。《八闽通志》："熙宁间程师孟尝游于此，寺僧为刻'光禄吟台'四字于石之西……"此处原为唐代闽山保福寺，宋初为法祥院，宋末寺废，逐渐变为名居。后来又成为福州文士雅集场所。因这里几块巨石形貌如玉，形状如尺，于是闽山亦雅名玉尺山。清道光二十年（1840），学者叶敬昌卜居此地，并将所居命名为"玉尺山房"。以后山房几易其主，它和乌山一带名居，还有所发生过的事情一样，随时间渐行渐远，但光禄吟台的故事，则如金石永固，被永久保留下来。

还有乌山上霹雳岩摩崖石刻，相传亦其人所书；乌山古有放鹤亭，系唐观察使崔干所创，史载："因得青田鹤置于此，忽冲天而去，因以名亭"。程师孟到此，改为"冲天台"，还有宿猿洞故事……程师孟以其文采装点了乌山，使那些题刻所在处成为游人赏玩、雅集之地；而乌山是程师孟心中一份慰藉，他在这里寄寓了远在异乡的感慨，也排遣了官场中些许疲劳。

01/ "光禄吟台" 题刻
02/ "古放鹤亭" "冲
　　天台" 题刻

　　《道山亭记》云："程公于是州以治行闻，既新其城，又新其学，而其余功又及于此。"但关于他的政绩却不像这几件雅事那般为人所乐道。

　　程师孟（1009—1086），字公辟，吴人（今江苏苏州），景祐元年（1034）进士，历官洪州知州、江西转运使、福州知州、广州知州、给事中、判都水监等职。"熙宁初，以直昭文馆知州事。先是郡守章岷奏修筑子城，以费多役广，不果。师孟至，谓转运使曰：第得钱二千万缗可就矣。乃拓旧城西南隅广之，又以余力浚河隍，治桥梁，甫半载而毕。师孟累领剧镇，政简而严，发隐擿伏如神，所部肃然。公事之暇游览山川多所题咏，一时治行为东南最。"这段《福建通志》中有记载，见其为官及行事之大略。他的那句"城里人家半读书，学校未尝虚里巷"，成为很多人表达宋代福州文教兴盛之句，但这样一位学者型官员的著述却没有保留下来，这在任何时代看来，都是一种遗憾。程师孟所著有《长乐集》一卷、《程师孟文集》二十卷等（《宋史·志第一百六十一·艺文七》）。假如这些文献尚存，相信会有更多故事可供传述。

　　书法史上"宋四家"之一的米芾，在《书史》中写道："程师孟语余，四十千置得古摹《兰亭》一本、白玉轴，欲出示，竟不曾取。今在子宏处，王安上曾见之。"无论乌山一带那几段摩崖石刻是否系其亲笔，而从这条史料中可以推测程师孟不单善于作诗，也是一位擅书者。

刻石高台说平远

陈常飞

　　平远台可以说是于山第一名胜，明代大学者曹学佺曾说："台存则名山者存，台废则名山者废。"作为景观，它很早就被记录，梁克家《三山志》载：万岁寺"东有小桥，旁有巨石，刻'平远台'三字。"

　　当见到这三字时，笔者马上联想到北宋绘画理论家郭熙，因为在他所著《山水论》中提出构图"三远法"，即高远、深远、平远。"平远"之山水旷远绵邈，见之使人胸襟开阔，观之令人心境平和。这样的章法如《富春山居图》等。历代文人在平远台上所咏之诗，亦如画家对福州景致进行构图时，在微妙的经营布置下，生动地描绘出这座历史名城的神韵，无论远近、深浅，其格调总能超凡脱俗。

　　摩崖石刻文化的兴起和书法发展史紧密相关。清代碑派书法流行以来，书家对摩崖石刻愈加重视。至嘉道年间金石学兴起，"摩崖书法"的独特韵味也被书写者模仿、参照、借鉴。因为它所呈现出来的书风很古朴，带有浓郁的金石味。而当时考据学全面发展，也促进学者对摩崖石刻的关注。学者们将摩崖石刻的文字信息作为一种历史实证，其信息可补史籍之缺。所以嘉道时期文人访碑、探寻摩崖石刻成为风尚，摩崖石刻也渐被周知。而文人开始喜欢在摩崖上留下题名，或者推敲出极简的文字以刻石，期望这种心境、抱负能够永久地保留下来，则可能兴起于北宋时期。宋代在学术上不满足汉唐训诂之学，佛老与儒学哲理相参，学者思维开阔，学术上呈现出多元的特点，且不少文人开始沉耽文艺，留心风雅。"平远台"这三字

01/ 于山"平远台"旧照（局部）

02/ 于山"平远台"题刻（位于状元峰边）

03/ 于山平远台大景

极简，也极有意境，想来平远台之命名与此不无关系。

一些文章为平远台勾勒了一幅文化山水图，古来所谓逸景有助文思者，于斯可见一斑。

明代宗臣写下一篇《登平远台记》，饱览福州山色之余使他快慰，同时见山川而感慨民生，发出"毋徒嬉此高山大川、游云芳草，而忘厥民忧也"之感叹；还有张维机《游平远台记》、汪道昆《平远台勒功铭》等也记录相关历史信息；明代郭汝霖，一日与友徜徉台上，酒过数行后亦留下《游平远台记》。这些在谢其铨《平远台与戚公祠、蓬莱阁》一文中也有相关介绍，详见《鼓楼揽胜》一书。我认为曹学佺《兴建平远台记》可谓代表作，文章中强调了平远台的"知名度"，言于山曾改变名称，人们习惯将它称为"平远台"，并喜欢将此名代指于山。这一点也在其他文献上得到印证，如刘日宁《螺江续修小志序》中也写道："稍闲，扶策平远、乌石之上，天风海涛之颠……"

山水可以净化人的心灵，亦可激发潜藏在心底深处的壮怀，故观风景者即观自身。所以曹学佺说："……语云：'始乎简，终毕乎巨。君子以察禨祥，以审风俗，召好去恶，于斯乎在，乌可苟哉？'"（《石仓全集·夜光堂近稿》）这是文章意旨的中心之一，也体现了曹氏此文深度。

文人笔下之诗也描绘了平远台景致。

关于平远台的诗，仅《于山志》所收就近百首。人事随年月消逝，平远台经历漫长岁月，时间会淡化所有的色调，文人心中沉郁的忧伤也终会抚平，清杨叔怿《闽中九仙山二十四胜·平远台》之诗也透出无限感慨："白日照沧海，高台几千载。台下戚参军，留得残碑在。"

本篇小文中还要交代的是平远台的位置。

据谢其铨、郭斌编纂《于山志》所载，宋代平远台在第一峰补山，镌楷书"平

平远台一景

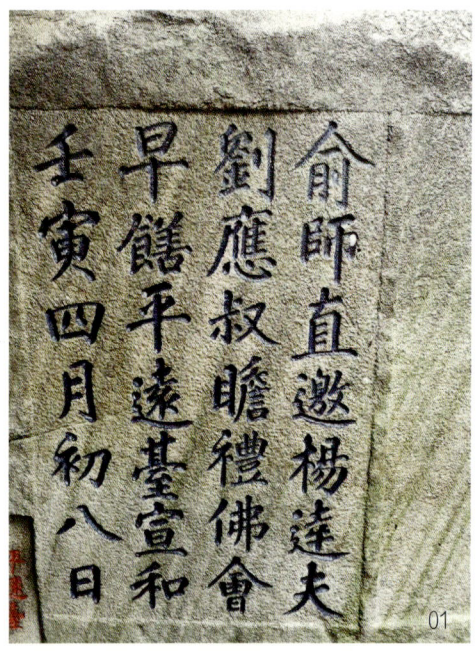

01/ 俞师直题名
02/ 黄韶平远台诗刻
03/ 于山平远台题刻（位于补山精舍内）

远台"三字。明宣德间，建阁于台上，成化十五年（1479）毁，十六年倾圮。后来移建于鳌顶峰东，万历五年（1577），三山张炜镌"平远台"三字。嘉靖四十二年（1563），戚继光平定倭寇，曾饮至勒石，汪道昆撰《平远台勒功铭》，后人遂在此建戚公祠纪念。1933年，爱国将领蒋光鼐、蔡廷锴等捐资，在宋遗址上重建。

以后这处于山胜境不知又发生多少事，以上只是我对平远台之感想，关于平远台地址变迁及其背后的人文故事等，可以讲述的还有许多。文章最后附两则平远台摩崖题刻，一方为"俞师直等题名石刻"，一方为"郡丞黄韬题"，录此结篇，再待日后潜研。

俞师直等题名石刻

俞师直邀杨达夫、刘应叔瞻礼佛会，早膳平远台。宣和壬寅四月初八日。

平远台（郡丞黄韬题）

选胜仙山到处行，崇台远目倍增明。

两潮涨雪连空阔，万顷堆云接畛平。

风起土囊衣袂爽，月浮海角酒杯清。

悠然遐想尘埃表，欲去徘徊奈此情。

浅说林廷玉诗刻

陈常飞

草树迷蒙谢豹啼，江山依旧世人非。

野翁识破尘凡事，一度来时一醉归。

林廷玉书

乌山林廷玉诗刻在霹雳岩，西向。在诗句起承转合中，记录了林廷玉的一段情感。在诗中写乌山之景，亦寄寓心中之情：那一年林廷玉再次登上乌山，所见草木凄迷，时闻周遭杜鹃鸣啼。以眼见之景物起兴，感慨人事变幻莫测。但他此时可能也见惯了、看透了世间之事，故能豁达乐观，做到乐天安命。"一度来时一醉归"，即是从容、自适的另一种表达。

明王应山《闽都记·郡城西南隅·侯官县》（卷十）引此诗，名作《霹雳岩》。此方摩崖文字结构整齐，32个字排列得当。虽说从横向上看每4字多不在水平线上，但整幅作品还是给人以整饬之感。这不得不再次肯定古人对书法的专注——他们不单留意笔法，一笔一画毫不苟且，且分行布白亦十分讲究。朱和羹《临池心解》云："分行布白，为入手要诀。元人所谓《黄庭》有六分九宫，《曹娥》有四分九宫是也。否则，疏处安顿，尚易舒展；密处安顿，每形局促。"

楷书这种书体得到很多人青睐，它是人们学习书法的"标准"字体之一。林廷玉善诗词，亦擅书，徐氏《笔精》载："公善擘窠书，名山胜处多存手迹。"另据有关资料记载：福州府学贡生许天祐等庠友于九仙山雅集，后来吟咏形成诗作，亦由林

乌山林廷玉诗刻

廷玉书丹（详见《竹间十日话》卷三）。这段诗刻尚存，在九仙观西南兰花圃内，南向。（参见黄荣春《福州摩崖石刻》）。今石文部分残泐，但仍可根据书中记载与之印证。明王应山《闽都记》（卷四）录此诗，名作《登九仙山》，诗云：

马踏香尘晓气清，间寻羽客共黄精。

湖边细柳迎春媚，山半晴云阁树轻。

村酿新蒭眠草醉，野歌无调傍花行。

留连且尽今宵兴，漫道长庚又启明。

这块摩崖上镌刻两首诗，另一首甚难辨识，《竹间十日话》中亦录此诗，但并不完整。今据摩崖石刻内容，谨录于下：

□鹤飞飞薄太清，仙童□□采黄精。

沿阶新草□□嫩，落地闲花片片□。

□□□头呼我醉，□□□上学人行。

水晶盘□琅玕起，却笑痴翁喜□□。

二诗同为一韵部，属"下平八庚"。这有理由相信其中一诗并非林廷玉所作。

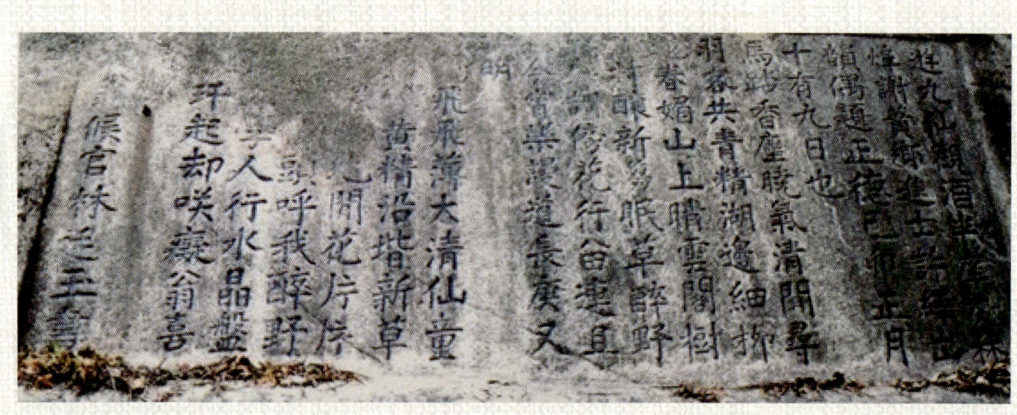

于山林廷玉题刻

而落款"南涧翁侯官林廷玉书"则表明其书法得到时人肯定,遂由其书写此作。时过境迁,如今不知林廷玉"原作"如何,但石刻总体面貌浑厚雄强,它看起来比拓片、墨迹更有质感。

林廷玉喜吟诗,其诗隽永,耐人寻味,而几段诗前小序也简净地记录了一些历史信息,点染几笔古人交游画卷:

一、正德己卯(1519)正月十有七日饮平远台,许天祐、李祐、谢蕡三庠友,唱韵漫兴;二、游九仙观酒半,庠友林煚、谢蕡,乡进士许绎出韵偶题,正德己卯(1519)正月十有九日也。三、余致事六载矣,杜门以诗书自娱。正德己卯春偶出一游佳地,因造万岁寺看塔,聊以寄兴。

孟子云:"颂其诗,读其书,不知其人,可乎?是以论其世也,是尚友也。"以后"知人论世"的思维也成为研究人物之原则与传统。

林廷玉的资料散见数种旧志、杂记中。今据所查找史料梳理如下:

林廷玉(一说1455—1532),字粹夫,侯官人,号南涧翁、烟霞病叟,明成化十九年(1483)领陕西乡试解元,翌年中进士;历官都给事中、海州判官、茶陵知州、江西佥事、广东提学副使、保定巡抚、南京都察院事等职;后以执法严正,得罪权臣贵戚而辞职归里;居里十余年,屡荐不起。其性格刚果敏达,雅以文章自诩,为人风节凛然(郝玉麟《广东通志》)。其系明代"福州四林"之一,《竹间续话》(卷一)云:"北林为林廷玉,家在水流湾、北林坊是也",著有《南涧文录》(7卷)等书(一作《南涧先生文集》12卷,见《千顷堂书目》)。

他在官场上的发展并不顺意,一些政绩很容易被后世遗忘。但与他有关的教育事迹,却传留至今。

林廷玉当年以给事中谪知茶陵州。他认为:"民风不淳、士习不正、道之不明故也。"于是牵头创建洣江书院,"日深衣幅巾,集诸生讲习忘其身之为吏也。"

乌山"冰壶"题刻

（康熙《湖广通志》）他在书院为学生讲解儒家经典，风雨无阻，
"讲到兴致时，常掀髯而长歌"（阳卫国等著《历代茶陵书院·洣
江书院》）。洣江书院位于湖南省茶陵县，始建明弘治十七年
（1504），是茶陵历时最长、规模最大、影响最深远的官办书院。
历代书院山长皆为有名望之人，如清末状元萧锦忠，当年曾作《洣
江书院铭》，以申说"主敬铭""行恕铭""修德铭""凝道铭"
等内容（康熙《湖广通志》）。其与书院事迹又见郑方坤《全闽
诗话》："周濂溪为广南提刑，广人因于西湖创濂溪书院前种白
莲，扁曰爱莲。其前为提学厅事，后池渐淤塞。林廷玉为广督学，
令人佃地植禾以取税焉。有无名子题诗壁上云：当日红蕖蘸碧波，
薰风时节一来过。于今景色非前度，谁道先生又爱禾。林公见之
大笑，亟命植莲建亭云。"（《小草斋诗话》）

　　另有史料载，福州九仙山南曾有崇报祠，明嘉靖间建。祠中祭祀都御史林廷玉、副使高文达，春秋二祀。正德十三年（1518）八月，福州士兵因索饷哗变，"廷玉、文达有定乱功，里人请建祠。"（乾隆《福州府志》卷十四）方志及一些文集的作者对记载人物生平一事，在人物资料编选方面皆有所取裁，他们选择历史人物最典型的事迹，力求在"惜墨如金"的笔法中记录其事迹，以反映其生平概况。所以从这两则资料中可以窥见林廷玉是理学践行者，一生为官也以宋儒哲学作为从政指南，并躬身实践。乌山上"冰壶"石刻，似乎也能证明这一点。

　　"冰壶"榜书石刻在望潮峰南坡，唐姚崇《冰壶诫序》云："冰壶者，清洁之至也。君子对之，示不忘清也……内怀冰清，外涵玉润，此君子冰壶之德也。"林廷玉为官常思民生，以"冰壶"自鉴、自警，这两字也足以总结他人格精神及为官廉洁品质，正如冰壶之质。这方摩崖石刻是艺术，是历史，也是林廷玉生平写照。

　　摩崖石刻为历史提供了一种佐证，也给名山增添了一份文化意蕴。

林瀚等登山联吟

陈祥坤

　　林浦林氏自五代间入闽，经几代人努力，家族声望愈显，至明永乐年间达到鼎盛，成为福州科举豪门与文学家族。

　　明代，随着"七科八进士""三世五尚书""国师三祭酒"闻名于世，林浦也因此闻名遐迩。林氏族人淡泊名利、严谨治学，他们身上具有刚正不阿、一尘不染的传统知识分子风骨。作为文化名人，他们传承着文脉。在于山，有几方摩崖石刻记录了林瀚一家的活动轨迹，也凸显其才情与抱负。

　　林庭㭿（1472—1541），字利瞻，号小泉，林瀚次子；弘治十二年（1499）进士，官至工部尚书、太子太保。"平生见义必为，不避险难"（龚用卿《国朝献徵录》卷五十），著有《小泉录稿》（6卷）、《文集》（10卷）、《鳞鸿集》等。林庭㭿（1488—1543），字利高，号玉泉，林瀚第四子；为人不喜逢迎，为官廉洁自守，"敦士习，节民财，不轻受词，不遣人下属，邑以廉静为理，有古循吏风。"（《濂江林氏家谱》）

　　正德己卯（1519）夏四月望日，福建督舶太监尚春邀林庭㭿、林庭㭿兄弟同登平远台，因几人都雅好山水，并乐于吟咏，所以就合作联句二首：

平远登登尘不侵（尚），鹤巢松老碧苔深（㭿）。

江山满目无穷趣（㭿），一榻清风醉后吟（尚）。

远山分翠绕平台（㭿），江海涛声浪自催（尚）。

醉倚楼阑频北望（㭿），五云遥护六龙回（㭿）。

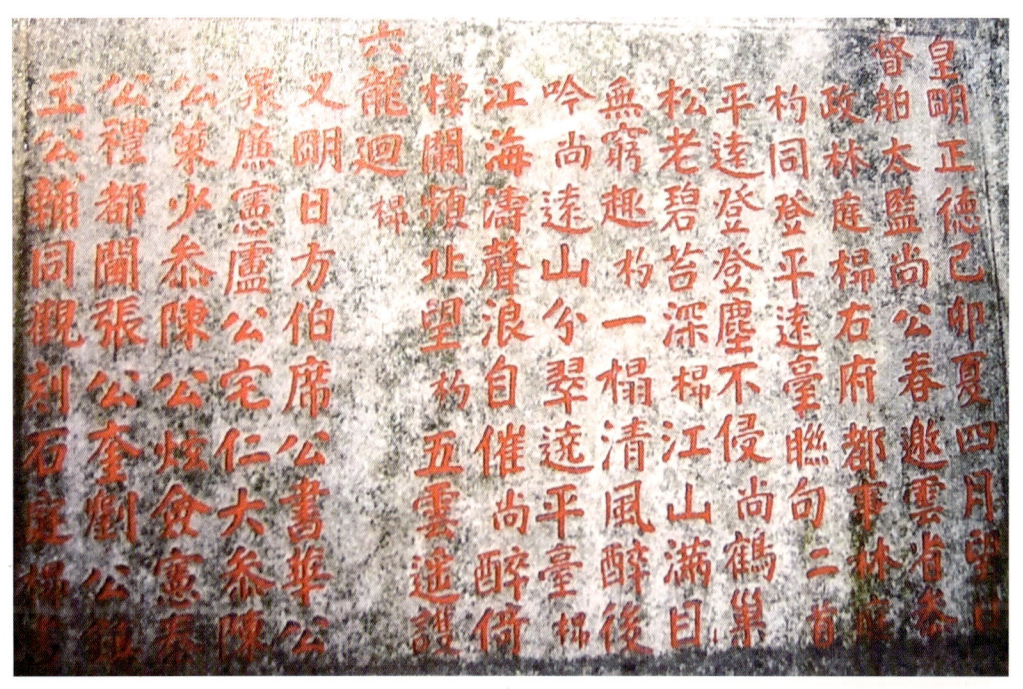

林瀚等登于山联吟题刻

于山风景秀丽，古来名士不厌登临。林氏一门性耽山水，所至之处多有题咏，特别是明清两代尤其如此。当年林庭棉把访古探幽，追寻先贤足迹的事情也写在诗中。作诗这件事对于他们来说，也许就像我们写日记一样，所不同的是在他们心里除了忠君报国，可能就是文化与山水，诗写道："龙头人去几经秋，炯炯文光射斗

于山"仰止"题刻

于山吸翠亭

牛。千古鳌峰频仰止，书声一派水东流。"（黄荣春《福州摩崖石刻·增订本》）

平远台早已形成吟诗、雅集风气，那一年历史又重演熟悉的一幕。这些盛事留在古人存世的诗文里，有时也镌刻在摩崖中。于山上另一方关于林家的题名石刻则记录了一件具体的事情，即当年尚春建造吸翠亭，邀请林瀚等一起见证此事。

于山尚春等题名摩崖石刻记载："大明正德己卯夏，督舶太监尚春建吸翠亭，邀按闽御史周鹕、周震，督赋主事李阶，同致仕尚书八十六翁林瀚落之。翁二子参政庭㭿、右府都事庭枵，暨孙主事炫，俱以谒告归省，侍翁杖屦，命炫纪于石。"

林炫（1495—1545）是林庭㭿长子，字贞孚，号榕江，又号九曲山人，正德九年（1514）进士，授礼部主事，官至南京通政司参议。嘉靖四年（1525），林炫以南京仪制郎中乞告还山。归闽后，在福州琼河一带居住，自号"水云居士"。其人

于山林瀚等题名石刻

嗜诗，寄兴高远，著有《林榕江先生集》《卮言馀录》等。

在狮子岩西北向，还有一方林瀚等题名石刻，文云：
"大明正德己卯中秋日，致仕兵部尚书林瀚，工部尚书林
廷选，都御史林廷玉，苑马寺卿林璿，布政司参政何显、
王士昭，参议倪珏、姚吴，按察司副使高文达，佥事谢廷
柱，知府郑炤、黄澍同登督舶太监尚公春鼎建鳌峰胜观亭，
题名于石。"胜观亭也是欣赏名城景色之佳地，正如林瀚
所言："江山云树，城郭楼台，如屏如带，如画如锦，摩

挚老眼，迎接不暇。"（林瀚《鳌峰胜观亭记》）

这几方摩崖石刻历经五百年风霜，但细读文字恍如昨天。普通的石头一经品题就有了内涵，于山也因此而增加了一段史事。林浦林氏一族成就源于中华儒学传统及家学影响，同时也得益像于山这样的胜迹陶染。

历史车轮行走太快，很多事物容易随时间淡化，就算是林氏一门也不例外。与林氏家族有关的林浦濂江书院、为林瀚而建立的泉山书院，还有林氏一门诗名以及所留下的许多著述，应该不会有多少人再去留意。但有一点是庆幸的，古人寄情于山，为这座名山增添景观，有些故事的发生地虽偏僻，但每个时代总有人去探索、追寻往日胜迹。

薛立岩岩一片峰

陈时习

薛立岩岩一片峰，银钩倒挂玉芙容。

居人何处穷遗墨，薛老当年此寄踪。

啸咏只留明月在，摩挲应被古苔封。

却同姓氏缘非偶，异代风流得再逢。

山居之暇，寻倒书"薛老峰"感赋。时万历丁未秋，福唐薛梦雷。

该摩崖石刻在石天景区天秀岩下，南向。

薛梦雷（1546—1611），字汝奋、号鸣宇，福清人，后定居福州；隆庆五年（1571）进士，历官江山知县、浙江按察副使、云南按察使、布政使、副都御使、巡抚等职；为人"性耿介，具经世才"（郭柏苍《乌石山志》）。处理政事"敏练通达，盘根错节，迎刃而解"（万历《福州府志》）。"凡宦辙所至，平易近民，民歌舞之"。因为官"不通朝贵书"（乾隆《福州府志》卷五十七）遂因牵连而获罪，冤案昭雪不久逝世，卒葬谢坑山。当年他移居乌石山西园，"筑别墅以养志"，其在园中修建夕佳阁、蒹葭草堂、水云亭、宾莲塘、山镜堂、阆风楼、鱼我桥诸胜，邀约文友社集。其《宾莲堂偶成》诗云："世上浮名孰我亲，悬车早已厌风尘。归无薏苡装行囊，居有芙蓉入钓纶。挥麈得非青眼客，盟鸥俱是白头人。谁知山水余生在，薛老峰前许卜邻。"（乾隆《福州府志·第宅园亭一》卷二十一）一生雅好文墨，著有《彩云集》等。万历丁未（1607）秋，他趁闲暇寻"薛老峰"

乌山向阳峰

　　胜境，于是写下这首诗。

　　薛老峰故事起始甚早，唐代诗人周朴《薛老峰》诗云："薛老峰头三个字，须知此与石齐生。直教截断苍苔色，浮世人侪眼始明。"这块石头颇有意思，石文是自然形成。它的故事也流传广远，成为乌山上一段逸事，而此中故地也成为许多文人心间的一场"清梦"。《淳熙三山志》说向阳峰（薛老峰因面向正东，所以又作向阳峰）在山上，今亡。并解释周朴诗中所言"三个字"与石齐生，"乃指向阳峰

《淳熙三山志》（四库全书本）书影

苔纹自然成字"，而诗后半段则是交待时人镌"薛老峰"于石的事情。但终究不知此三字是谁所作，留下了"或谓薛老古仙，不知何代人"的悬念。对于此事，郭柏苍在《乌石山志》中表达了自己的观点，说："以意度之，非为居民所凿，即磨于假弁之手。余俯仰荒烟蔓草间，经岁不得遇，叹息曰：薛老未入闽，吾勿为古人所诳。遂下山，遗墨石上，以告来者。"根据郭氏所述，明嘉靖间建州杨应诏同傅汝舟游乌石山，记崖上有倒书"薛老峰"三字，认为"嘉靖间此石刻尚存，万历以后记载即云：不知所之"。

史载，唐咸通间侯官县令薛蓬与神光寺僧灵观同游乌山，见此处景胜颇具特色，遂建亭在侧，题刻"薛老峰"三字（王应山《闽都记》卷十）。灵观禅师曾住薛老峰附近，"寻常扃户人罕见之，唯一信士每至食时送供方开。"（详见释道原《景德传灯录》）这些都属于历史名人交游佳话，在乌山上不知上演多少次。

大概使人记住薛老峰的是后来发生的一件"异事"。

相传五代后晋开运元年（944），一夕雷雨大作，闻山上数千人喧噪，旦则"薛老峰"三字倒立，是年闽国灭亡。这则故事也被宋人李昉、钱易等人留意，在他们的作品《太平广记》和《南部新书》中收录了这则逸事。

"……一夕风雨，闻山上如数千人喧噪之声。及旦，则薛老峰倒立，峰字反向上。城中石碑，皆自转侧。其年闽亡。"（《太平广记·妖怪八》卷三百六十六）大致说：某天晚上风雨大作，人们听到山上好像有几千人喧哗吵闹的声音。等到天亮一看，原来是薛老峰倒立了。峰上的字反过来向上。城里的石碑，全都自己转换了方向。这一年闽国灭亡。应该绝大多数的历史人物对此多持不可信态度，但作为逸闻故事，人们还是会去寻找这处名胜，或"不厌其详"地去记述薛老峰。

崇宁年间，潜江人毕之进（绍圣元年状元）以承议郎提点福建刑狱，他在乌山集会后，也特意参观薛老峰，并留下摩崖题刻，文云："之进被召，远仲约会仁王寺之横山楼，食罢，登致养亭，观薛老峰，啜茶于道山亭，过南涧寺祖师阁，少休以归。时崇宁乙酉中夏十有四日。"比如明范景文《记神清洞》一文中，曾写道："又峭壁有若四字，云'神清之洞'，体法雄妙，盖薛老峰之比，诸君疑古苔藓自成文，又意造化者笔焉，莫得究其本末……"（详见《文忠集·附录四·记神清洞》）清褚人获所编笔记小说集《坚瓠集》，也将其编入书中。

薛老峰曾是乌山一处标志性景观，如顾祖禹《读史方舆纪要·福建二》（卷九十六）中也写道："又乌石山，在府城内西南隅……有薛老峰、邻霄台诸胜……"薛老峰名列"乌石山三十六奇"之一，是文人雅士怀古遣幽和舒展怀抱之

地。明朱豹《登薛老峰》诗云："竹杖青鞋寻薛老，扪萝直上第三盘。云中长啸谢安石，松下狂歌陆务观。独鹤飞鸣霞结绮，千峰回合树成团。高标羡尔尘凡外，洒洒清风入表寒。"

清徐家恒《薛老峰》诗，有句云："微云起半峰，疏雨洒山脚。片石篆字奇，时窥千载鹤。"而古人赋咏乌山其他景观或人事，也常将"薛老峰"三字嵌入诗中，如郑善夫《五月五日道山登高》诗，有句云："仲夏五日箫鼓竞，薛老峰前舟可怜。"曹学佺《乌石山》诗中云："天台桥上行人绝，薛老峰头过雁疏。"郑邦祥《九日登乌石》诗言："薛老峰前烟树幽，况逢佳节倍淹留。"邓原岳《新秋饮邻霄台留别社中诸子》语："秋烟晓雾散芙蓉，桨栻遥临薛老峰。"陈朝锭《登光禄吟台》诗云："薛老峰前返照深，名山高绝敞云岑。"再如王偁《与夏少府迪话别登薛老峰》诗云："新秋客里喜相逢，绝顶登临兴不穷。远屿绿波孤岛外，乱山黄叶白云中。明朝霄汉应谁共，别墅琴尊此会同。去后重来相忆处，短笻吟倚候归鸿。"（王偁《虚舟集》）明人林鸿"薛老峰前夜咏诗，若为离别思凄其"。王龚诗："愁云偏结谢端渚，海月长悬薛老峰。"（乾隆《福州府志》卷十七）

"薛老峰"石刻是乌山很有代表性的石刻之一，但很早就已消失了。与之相关的还有薛老亭和薛老庄。北宋文学家曾巩曾作《饮薛老亭晚归》诗，曰："终日行山不出城，城中山势与云平。万家市井鱼盐合，千里川原彩错明。座上潮风醒酒力，晚来岩雾盖钟声。归时休得燃官烛，在处林灯夹道迎。"

薛老庄亦名薛老村，一说因地近薛老峰，故名。在薛梦雷诗刻旁边还有一处草书摩崖石刻，系明代名臣叶向高所书，记录了薛老庄雅集的影迹：

薛梦雷、叶向高诗刻（位于乌山天秀岩）

薛君和招同林谨任、陈泰始、洪汝臣诸公集薛老庄，分得东字：名园开宴集群公，河朔风流此日同。槛外林光连百雉，天边江影落双虹。峰传薛老人何在，尊入平原酒不空。莫向邻霄台上望，烟尘今正起辽东。万历己未夏叶向高。

石林纪事说许豸

陈常飞

旧日的乌山是许多文人寓居、雅集之地，也是古人缅怀先贤之圣地。如今许多事物已消逝，宅第园亭之影迹仅留青灯黄卷中。乌山上关于许豸的摩崖石刻，潜藏着福州世家大族的故事。

霹雳岩"旧涛园"三字颇为醒目，记录着名园史影。此别业一说初为竹屿人邓庆寀营建，后来他侨居南京，遂将石林出售给许豸。别业称石林，因林木荫翳、怪石交错而命名，后改名涛园。

许豸（？—1641），字玉史，一字玉斧，侯官人，崇祯辛未（1631）进士，曾任浙江学政等职，文学上以诗见长，史载"闽中以诗世其家者，咸曰许氏也。"（《清史列传》）著有《春及堂遗稿》等。

石林别业规模宏大，在山南神光寺侧。曾有半月池，奇奕堂（庵）等建筑设置。清学者潘耒来此游观后，写下了《涛园记》，其中说道："福州城中凡三山，乌石山最大。环山而为寺观、园亭者数十，许氏涛园最胜。"周亮工曾为涛园题联："文献世家遗硕土；江山故国有涛园。"

乌山石林景区清泠台西南的一方摩崖石刻呈现了周围环境的意境，可见古人善于利用自然景物以营造所居，以追求"虽由人作，宛自天开"的效果：

荒畦随意构，爽皑顿开颜。

缺径凭花补，回窗倩竹关。

烟容凝石浅，峰色到门闲。

徙倚危阑畔，潮来浦几湾。

许豸书

另一方"松岭"石刻亦许豸所书，在乌石山南坡。这两字应该是许豸对涛园印象的精炼总结。曾异撰《过石林见许玉史手勒松岭二字志感》诗云："鼾睡已醒大梦后，手书犹勒万松间。神龙脱去抛鳞爪，省得为霖不得闲。"黄任也曾作《初秋同许雪村游涛园》，描绘松间秋色，诗云："所立最闲旷，能将远意收。高风独鸟下，古木片云流。绝壑清难暑，空山响易秋。倏然来暮景，添得桂松幽。"

一般而言，摩崖石刻按其文字内容划分，可分为"题咏""标识""吉语""警示""题名""记事""纪游"等门类；按书体划分则涵盖篆、隶、楷、行、草等体。摩崖是书法载体之一，也是表现手法

01/ 许豸诗刻
02/ "松岭"题刻

米友堂诗集

侯官许友有介著

五言古诗

题和尚石册

东海有大石古名曰山骨白水作乳汗野苔为毛发千年日月忙百万云霞砚痴顽不可语叩之如勃勃

送黄典玉还姬岩

才子居名山文章开严际袖裹有白云眼中多兰蕙磊落君子标挥毫日月咸摇手言别予霜此杯中奠

古意

郎心似明月妾心如流水明月有圆缺流水无停止

又

秋凫来何处芙蓉空自老日掩长门奄岩无人携

石林听弹采

01

作书回腕法娴寔以神遇右军称玩兰亭长史醉中极笔皆神境偶泠得意签者也吾友介寿法书苞李孕颜下籍苏米衣诐诚当世求者接踵铁门退笔并驱能先乃其酒醒茗熟徘徊蕉影林香宴坐侍史兰渚徵测机绪和墨拌八卷舒吴绫欣然操管蓬成册轴其为恬適未易名言介寿跌迤方回都家岂徒小有意耶传之艺林当为尺璧矣

壬寅首冬樵李屠爛阁伯题

02

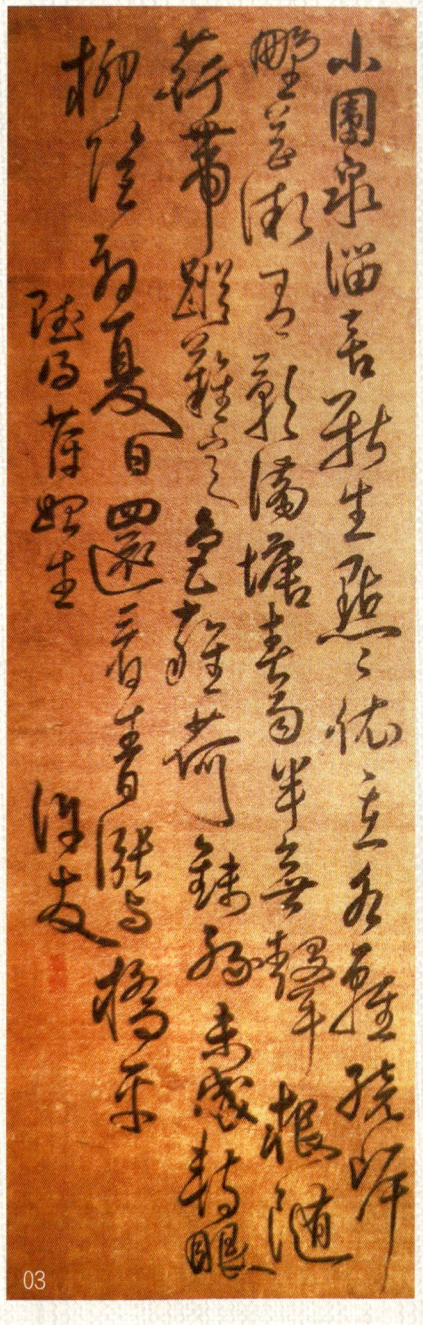

03

之一，但石文作者并非都是书法家。许豸善书，且艺术修养全面，他的书法"在明季，书品当居张二水、王孟津之右"。梁章钜《退庵金石书画跋》中有《许玉斧草书轴绢本》一则记载："福州以许姓为文献世家，本朝瓯香、月溪、铁堂、雪村诸诗人皆衍其门风，累世擅三绝之誉，闺房亦工诗画，至于今未艾，风流文采，蔚于

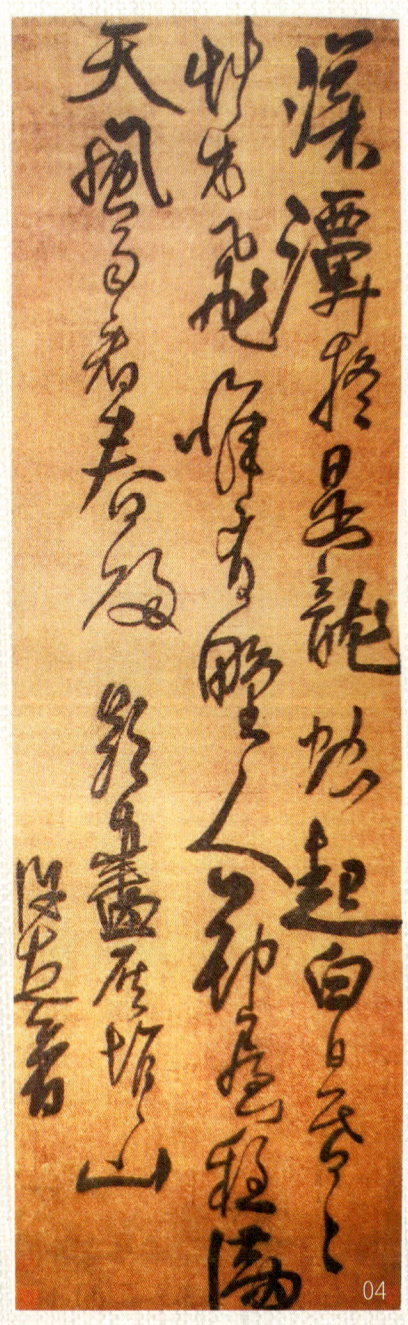

04

05

01/ 清刻本《米友堂诗集》
02/ 屠爌跋许友书法
03-04/ 许友书法
05/ "汲云" 题刻

海滨，实以玉斧为开山手。"

　　许豸长子许友亦善画工书，钱谦益、朱彝尊、王士禛等对他都评价很高。钱谦益称"许友八闽风"。许友作字追米芾书风，并以"米友堂"名其室，著有《米友堂诗集》《许有介集》等。许友之子许遇尤长七绝，亦善书画，尤喜梅松，著有

《月溪集》《紫藤花庵诗钞》《家山杂忆》等。

陈寅恪先生论家学与家风关系说："夫士族之特点既在其门风之优美，不同于凡庶，而优美之门风，实基于学业之因袭。"中国古代社会世家大族皆注重家风传承，许氏家族艺文事业成就非凡，即很好地说明了这点。

涛园是许氏族人精神乐地，许友在《石林自记》中的文字可以入画，使人读之可以想见当时："……石径纤斜，喜无轮蹄可避，得散发步屦以往。园前篱落，遗民数家，茅居井汲，朝暮有鸡犬声。入门修篁夹庑……沿岭而步，钩巾枳履，大石岌嶙间。远见花阁空中，则为阆阁，倚石罅架木，下瞰清阴覆檐，草树蒙密……台畔多昔游遗墨……"顺治间，许友之子许遇在园内建匏庵、真意斋。雍正间，许遇之子许鼎修葺涛园，并辟瞻云堂、竹路、石床、独树坡、灵岩、流霞坞、天门、

"旧涛园"题刻

天光云影亭、梅坪、半泉、松冈、鹤涧、落珠岩诸胜，改匏庵为梦鹤寮，与郡人陈学良读书其中，他们即景赋诗，留下了一部《石林倡和》。且引陈学良《石林》一首，诗云："旧迹重开日，诸峰顿改颜。种梅删竹径，结屋闭松关。莫辨谁为主，只欣共得闲。所嗟千壑回，绝少一溪湾。"

涛园历经许氏几代人经营，声扬闽省内外。后来许氏家道中落，涛园也逐渐沦没。光绪六年（1880），沈瑜庆出资购买涛园，于是这里的故事又开启了新的一页。今乌山上"旧涛园"摩崖石刻，有说系郑世恭当时所书，只是这段书事始末未详，但这三个字代表着当时福州人对乌山故迹的怀想。

涛园，一页尘封历史。许氏，一门几多韵事。晚清学人叶昌炽《语石》云："于斯时也，山川登眺，俯仰兴怀，选石留题，以纪鸿爪。其人其字，大都出自雅流；某水某山，从此遂留古迹。"

为念民劳登此台

陈祥坤

乌山石天景区清尘岩有"望耕台"石刻，系李拔在乾隆壬午年（1762）所题，并有一诗写道：

为念民劳登此台，公馀坐啸且徘徊。

平畴万亩青如许，尽载沾涂血汗来。

这些飘逸秀润的书法，赋予寻常石头以魅力，只是如今环境变化，在乌山上已很难感受当时的情境。

乌山旧貌

李拔（1713—1775），字靖峤，又字襄瞻，号峨峰，别号东溪居士，四川犍为人，祖籍湖北麻城；乾隆六年（1741）恩贡，乾隆九年（1744）中举，乾隆十六年（1751）进士。李拔的科举之路并不顺畅，"六应乡试，三赴会闱"，年近"不惑"才考中进士，可谓坎坷。但即使面壁十年，苦学三冬，对于他而言又算得了什么。其志向非同常人，18岁时所创作联语可见其心志一斑——立志不在温饱；读书岂为科名（赖金普整理《李拔年谱》）。儒者读书在于实践圣贤学说，他笔下的《榕荫堂跋》，也很能显示其胸怀与抱负："福州后堂，有古榕覆庇其上，若大盖然。蔽日迎风，夏日坐啸，受荫良多。予惟榕之为木，大而无用。然枝叶婆娑，犹荫十亩。况人为物灵，遭时得志，在一邑则荫一邑，在一郡则荫一郡，在天下则荫天下。倘游其宇者，不能蔽夏日而暄冬日，则所伤众矣，岂榕之不若也哉。因揭之于堂以自勉。选自（《福州府志·艺文志续编》）

乾隆二十四年（1759），李拔以福宁知府入闽，次年调任福州知府，乾隆二十八年（1763）离任。这段时间虽不长，但故事却不少。在明清两代福州府知府行列中，李拔也算

李拔诗刻（位于乌山）

李拔"望耕台"题刻（位于乌山）

李拔"月朗风清"题刻（位于于山）

是较为知名的。此或源于他有著述传世，如纂修《福州府志·艺文志续编》《衡州续艺文志》《福宁府志》等书，以及他的一些文章，多被后人传诵或引用；或也源于坊间传留的许多逸闻韵事，如梁章钜《楹联丛话·胜迹·上》载："晴川阁与黄鹤楼隔江对峙，而游人题句不及黄鹤楼之多。有李拔集经语一联，以大字磨崖云：

‘沱潜既道；江汉朝宗’。”乾隆二十六年（1761），李拔夜登九仙山，“见万家灯火，风月交映”，题石“月朗风清”；当得知山侧有丹井，泉水清冽，于是便刻其岩为“丹井流香”；以及还有李拔登鼓山的故事等。而使人怀念与敬仰的，是李拔身上的一股清正廉洁之气，其为官一任，总能造福一方。

李拔中进士后，历任湖北长阳、江夏知县，汉阳府同知、福宁知府、福州知府、长沙知府等职，多有惠政。在福州，修常丰仓、鼓山祷雨等事亦载于史籍，播于人口。时人更将其治绩与蔡襄并论，李拔长子李元模《峨峰行述》载：“他若禁迎闽之争斗，惩野仙之横行，止锢婢之浇风，革尼僧之秽习，除坟佃之把持，遏营弁之骄纵，严盗贼之扰累，剔衙蠹之贪残。但有害于民生，关于风化者，莫不留心整饬，绳之以法而约之以礼。尝括莅任以来，兴禁有效者二十四事，刻碑府门，以垂劝戒。观者谓：蔡君谟守福州，其教民十六事碑，犹无此切中云。”李拔逝世后，岳麓书院山长旷敏本为之题墓联，颇能综括其一生：“泽傅东南，深得民情爱戴；学宗濂洛，直探道统渊源。”

在李拔身上，多有可学习处。在治学方面，他曾说：“人生百年，捷于转瞬，一日不学，此生可惜。故子弟少年时，须教令立定念头，如何用功，将来成何等人物，直是死而后已。虽中间成就大小未可知，而未尝旷日，当无悔也。”在修身方面，他曾说：“古之学者，以治心修身为务，以齐治均平为业。学之既成，著其义理，以诏后世，未尝自炫其文也。”（李拔《教学琐言》）其道德文艺，可为后人仿效，而其策略、论议，亦为人所资鉴。其《蚕桑说》一文曾“檄行八闽，家喻户晓，咸俾取法”。但载于故纸者，如今鲜有人去阅探。而他在名山所留题刻，想来其处不乏行人来往，但那些故事应该不会被每位行经者所在意。

那首望耕台诗作，将他怜悯民生之心表露无遗。《福州府志》中也记录了这件事：“乌石山范公祠前有石特起如台，眺望城外南亩耕者如在目前，李拔夏日悯农，每登其上望之，刻其石曰‘望耕台’。”当时还建有望耕亭，原亭早毁，今亭

系旧址重建。李拔以后，这里又成为一处寻幽怀古之处，清许赓皞有《望耕台》诗云："云低苍海深，寸碧没遥岑。日抱鱼龙气，天清钟磬音。原荒盘俊鹘，村远辨归禽。亦有田家兴，难为孤客情。"

还有两篇文章记述了李拔在闽的治绩："天生万物以为人用，草花虫壳可为衣被，冰茧火蚕皆可为丝……闽中地号炎海，天气温暖，土脉润，最宜种植。而棉花绝少出产，购自江浙，价常加倍……及调福州，屡试有效。然后知闽地宜棉而不棉，非地之过也。"这是李拔所作《种棉说》一文。他还作《蚕桑说》一文，以导闽民。

读魏杰诗刻刍议

陈常飞

雨洗乌山山更幽，海天万里望中收。

地分城市连三岛，潮满江河涨九秋。

榕树千村青到眼，茱萸几朵绿簪头。

何家兄弟登高处，我亦超游上翠邱。

这是乌山石天景区北向的一方摩崖诗刻，题作《九日登乌石山用黄莘田原韵》，作者魏杰。关于他的书法鲜有人研究，但有资料说他书学"二王"，书法端庄流丽，有晋人逸气。其诗作《古帖》一首，也颇能看出他的书风取向，诗云："欧虞褚陆晋羲之，真笔而今世所稀。幸有峋嵝碑一座，拓来高挂读书扉。"（魏杰《续刻逸园诗钞后集》）而说到"魏杰诗刻"，这似乎是一个熟悉之词，因为在福州有太多关于他的摩崖石刻。他一生乐山好水，雅好诗文，同时也喜藏书，其诗句"古人与我如相见，万春楼中任展舒"（魏杰《逸园诗钞·看书》）透出他的心境。不仅如此，他兼擅书画，留意著述之事。

清著名诗人黄任曾作《辛未九日登乌石山》七律，诗云："高台宜旷塈宜幽，尽把遥天爽气收。万井远烟松外暝，千冈平照雁边秋。衰容绿酒还酡面，短发黄花不插头。齐把茱萸香满手，海风吹啸上林丘。"《风土记》载："以重阳相会，登山饮菊花酒，谓之登高会，又云茱萸会。"当时，福州习俗为佩戴茱萸登乌山宴饮，参与"茱萸会"。文人相聚，免不了诗文唱酬。这种唱和有时也跨时空进行，

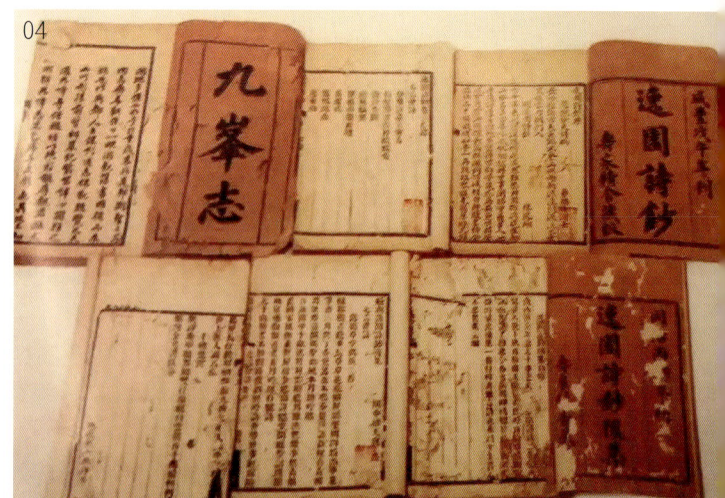

01/ 魏杰画像
02/《魏杰诗文集》书影
03/ 魏杰诗刻（位于乌山）
04/ 魏杰著作书影（部分）

就像魏杰与黄任，二人虽未相见，却都在重阳节这一天留下题咏。从诗题"用黄莘田原韵"这几个字中可以看出诗作的功能与魅力：诗，不单是"可以兴、可以观、可以群、可以怨"；诗，也是不同时代文人沟通的桥梁。

魏杰（1796—1876），闽县"东门外菜园口人"（官桂铨等《魏杰事略》），生平"耽山水、乐吟咏"（林凤翔《鼓山吟草序》），"笠屐所至，必纪之以诗"。王道徵的一句话可能道出了他的心声："游焉而无诗以纪之，虽游与未游同。"（王道徵《鼓山吟草·序》）文人与石，自是一段说不完的书坛佳话。可能至迟从宋代开始，他们就喜欢寻访古碑石刻。到了清代，留书崖壁间早成为一种"雅趣"。他也喜欢将诗作刻于石上，就如乌山上的这首诗，似乎要这样才算不负此游。他还作诗写道："四月清和首夏天，提壶蹑屐翠微巅。狂吟只恐山灵笑，一首新诗石上镌。"（《逸园诗钞》卷四）连同该诗在内，他当时一共作了十多首"七绝"。在这些诗中，所描写的乌山景胜涉及吕祖宫、道山观、弥陀寺、放鹤亭、紫阳祠、霹雳岩、般若台、望耕台等。

名山胜迹因魏杰的诗而多了几分姿色，魏杰也通过游历开阔了眼界，澄澈了心灵，提高了诗艺。明谢榛《四溟诗话》中说："作诗本乎情景，孤不自成，两不相背。凡登高致思，则神交古人……景乃诗之媒，情乃诗之胚，合而为诗。以数言而统万形，元气浑成，其浩无涯矣。"魏杰是爱诗的，用"擅诗"两字评价他绝非"套语"。虽然他在《逸园诗钞后集》付梓时曾说"……非敢言诗也，亦以半生苦心不忍焚弃"（魏杰《逸园诗钞后集自序》），但那只是他的自谦之辞。

读魏杰之诗，让我联想到清代书法名家邓石如。二人皆早年辍学，但在人生路程中积极向学，都通过自学获得一定成就，且他们都是志在"林泉"，不慕仕途，能矢志不渝地追求心中志向。所以魏杰的诗和邓石如的字看起来都有一种超脱、静逸之气，读之使人易生"烟霞"之想。魏杰在鼓山的题刻有很多，在乌山却不多见，但翻阅其诗集，可以补此不足，如（魏杰《逸园诗钞》卷二）中还有一首诗：

乌山风景

乌石松涛

山在榕城城市边，乔松百尺欲摩天。

月窥松际生龙蛰，风弄泉声作管弦。

人静每闻青嶂雨，晓晴犹扫碧岚烟。

寒生万壑千崖撼，夜半惊醒老鹤眠。

论魏杰生平，多有可传述者，如其乐善好施，慷慨助人的事迹。1992 年，福州市政协曾支持魏杰后裔整理编辑魏杰著作，收录了《逸园诗钞》《鼓山吟草》《逸

园诗钞后集》《九峰志》等著作，于 1993 年 3 月付梓《魏杰诗文集》上下册。笔者刚到福州市政协文史委工作时，无意间看到这本书，适逢撰写此文，故又从书架中翻出一读。文章末，从中引一段"编后语"，以结是篇：

"魏杰出身农家，早岁攻书，及长好文学，工诗词，性喜耽游山水，足迹遍及闽中名山胜迹，兴之所至辄托诸篇章。其诗多描写田园风光及山川名胜，朴实无华，直抒胸臆。他先务农圃，后举充盐商，由经商而成巨富，曾多次捐资修复名胜古迹，如开辟鼓山十八景、重建东禅寺、重修九峰寺、地藏寺等。"

涵宇诗刻缀泉山

黄凤清

炎热难耐，古榕树枝上的蝉鸣也聒噪不休。"七一"前夕，笔者冒着酷暑前往冶山春秋园寻找"泉山老人"施涵宇题刻。

施景琛，字涵宇，又字清宜，晚号泉山老人，祖籍长乐。民国时期，冶山荒草丛生，满目荆棘，很多地方被住在冶山的人家侵占。1928 年，施景琛协助业师陈衍筹建闽侯县名胜古迹古物保存会，邀县长及地方名士参加，组成保存会董事会，陈衍任会长，自己任常务委员，负责全盘筹划，开始修复自汉迄清的历史古迹。他还以其大哥施绩宇六十寿辰为契机，邀集多位名人，聚会于冶山，题名刻石。

冶山西向"一曲"、天泉池有施景琛摩崖题刻《辛夷塘》七律一首：

> 昨宵一梦真离奇，竹杖芒鞋随所之。
>
> 有人导我游故宅，池水一泓清且漪。
>
> 小径屈曲寂无鸟，春风乱开白辛夷。
>
> 醒来补种两三本，山人前身其在兹。
>
> 壬申仲春，涵宇题

这段石刻题书于 1932 年仲春。此石刻因 20 世纪 50 年代兴建楼房而湮没，2019 年底，冶山春秋园施工时被发现。

白辛夷又名辛夷、望春花，为木兰科木兰属植物，辛夷有白、紫两种颜色，为常用中药，以干燥的花蕾供药用，具有温肺通窍，祛风散寒等功效，生长于较温暖

施景琛诗刻

地区。今多以"辛夷"为"木兰"别称。《楚辞·九歌·湘夫人》云："桂栋兮兰橑，辛夷楣兮药房。"唐代杜甫也有《逼仄行，赠华曜》诗："辛夷始花亦已落，况我与子非壮年。街头酒价常苦贵，方外酒徒稀醉眠。速宜相就饮一斗，恰有三百青铜钱。"宋代王安石《乌塘》诗曰："试问春风何处好？辛夷如雪柘冈西。"清代龚自珍所写《洞仙歌·忆羽琌山馆之玉兰花》词中有这么一句："江东猿鹤，识人间花

冶山春秋园航拍（林双伟　摄）

事，十丈辛夷著花未？"这位泉山老人在离奇一梦醒来后即补种"两三本"木兰花，足见他对此物的偏爱。

冶山之上，施景琛创作的摩崖石刻有多段，其中署名"涵宇"的还有位于"六曲"右下方的一段，与"曲径通幽"相邻，也是一首七律诗：

球场筑后禊堂开，多少游人载酒来。

文物兴闽留胜迹，江山霸越几人才。

尊前顾影霜添鬓，石上题诗墨剔苔。

二十三年重过处，依稀难认旧楼台。

这段石刻纵7行，隶书；其中边款1行小字，楷书，题款曰："甲戌人日，涵宇老友招饮泉山率题诗左权。""甲戌"即1934年，"人日"即农历正月初七，为中国传统节日。施景琛这一石刻几近潮湿地面，石质风化严重，字迹漫漶，其中有"顾""墨""依"三字，系《冶山摩崖石刻新编》作者陈元春、邱婷依诗文内容并结合风化石质遗迹辨识后补之。书者为江苏武进人左权，字诗舲，是清末民初知名书法家、诗人。

1935年，施景琛为爱女秉端（聆秋）、秉庄（浣秋）、秉雅（味秋）所印行的《泉山甲子元旦画册》作诗序，陈宝琛为该书题签，一时传为文坛佳话。1949年，施景琛定居台北，常与于右任等人以诗词遣日。1954年6月5日，施景琛病逝于台北市的新竹糖厂，享年85岁。涵宇老人已永远地长眠于海峡彼岸，但他的名字与诗刻，他修葺的历史遗迹则与海峡西岸的福州冶山亘古不朽。

沈桢等诗刻补注

陈常飞

　　沈桢写了不少关于福州历史、风俗的文章，当年他的著作《八闽风土记》出版时，福建著名诗人、时任中国作协福建分会秘书长的陈侣白赋诗记事："寻胜探幽浑似痴，奇文如画复如诗，闽山有幸逢知己，万水千峦谢我师。""百劫重逢两鬓丝，风消两歇晚晴时。繁霜树外秋光好，古树奇花缀满枝。"（陈侣白：轶刘师《八闽风土记》出版喜赋二绝）

01/ 沈桢像
02/ 沈桢《八闽风土记》书影

沈桢（1898—1993），字轶刘，以字行，上海浦东高桥人，毕业于上海中国公学中国文学系；工书善文，人称才子；曾任上海《社会日报》、浙江《东南日报》、福建《南方日报》等报刊编辑，在福州格致中学、陶淑女子中学等校任教语文；著作颇丰，除了那部《八闽风土记》外，还有撰作、编辑《沈吴诗合刻》《小瓶水斋诗存》《繁霜榭诗词集》《繁霜榭续集》《清词菁华》等，与邓散木、施蛰存等均为挚友（《高桥才子沈轶刘诗文选·前言》），其文章用词典雅，但不失晓畅，如写福州的《温泉食谱》《环榕诸景》《长门马尾》《福林山经》《石鼓我见》等。沈桢对于山风景赞誉有加，也对山上摩崖石刻有所留意，正如他所说的："于山一名鳌峰，半岭野意亭俯南麓，宋明摩崖甚众。一峰如巨象，首尾足俱备，长鼻前出……"（沈轶刘《湖山一角》）

沈桢对地方文史事业贡献良多，"留寓三山者十载"，填补福建文史许多空白。他是一位"徐霞客式的旅行家"，凡游历之处多有游记或诗词。

沈桢精于作文之道，对古诗词也有造诣，正如他在于山摩崖上所留下的那首诗。诗刻在戚公祠醉石边，东向；楷书，纵9行。摩崖中镌刻两首诗作，另一首作者为丰州吴春晴。诗写于丙戌年，即1946年，这一年春是抗战胜利后的第一个春天，作此诗为庆祝抗日战争胜利，诗句中也体现作者的志向、阅历、学识、才情、气格。

沈桢诗：

江围大野郁雄图，平远台荒豹气粗。

逋客南来犹净土，将军老去尚威孤。

激山急水风声壮，落照春城塔势孤。

四百年前今日事，高原释甲又提壶。

吴春晴诗：

台榭梯云气自豪，幕分竞病罢弓弢。

劈开重雾仍驯豹，踏遍三山偶驾鳌。

脚底烟轻生野意，寰中风大唱葡萄。

江城落日衔孤塔，一柱雄擎宇宙高。

丙戌春战胜勒石，上海沈桢

自那以后，沈桢有计划地巡游八闽各地，闽中许多名胜古迹都留下了他的身影，也留下了他的文章与诗词。

沈桢诗刻

江圓夫□嘗雄圓平遠臺荒約氣相

南朵道□將軍老去尚威歲孤瀧山怱

鳳答胜港照春城塔勢孤四百年前今日

事高原釋甲入提壺暮分競病罷弓弦隙開

臺槲梯雲氣自豪暮分三山偶駕鼇腳底煙輕

重霧仍馴豹踏偏三山偶駕鼇腳底篠嗽

生野意寰中風夫唱蜀荀江城後日

塔一柱雄掌宇宙高

兩戍春□浴勒石上渴沈梅

图书在版编目（CIP）数据

鼓楼摩崖石刻 / 陈常飞主编；中共福州市鼓楼区委宣传部
编. -- 福州：福建科学技术出版社，2024.11（2025.3重印）.
ISBN 978-7-5335-7405-5

Ⅰ. K877.49

中国国家版本馆CIP数据核字第20243TK232号

出 版 人　郭　武
责任编辑　夏丹丹
装帧设计　余景雯
责任校对　林锦春

鼓楼摩崖石刻

主　　编　陈常飞
编　　者　中共福州市鼓楼区委宣传部
出版发行　福建科学技术出版社
社　　址　福州市东水路76号（邮编350001）
网　　址　www.fjstp.com
经　　销　福建新华发行（集团）有限责任公司
印　　刷　福州印团网印刷有限公司
开　　本　787毫米×1092毫米　1/16
印　　张　16
字　　数　216千字
版　　次　2024年11月第1版
印　　次　2025年3月第2次印刷
书　　号　ISBN 978-7-5335-7405-5
定　　价　78.00元